天道酬勤

2020宋楚瑜參選紀實

宋楚瑜

目　次

第十五任總統候選人
宋楚瑜先生宣布參選記者會

講稿全文

2019年11月13日　臺北長榮桂冠酒店

各位朋友，大家好。

　　且讓我用泰戈爾的詩來當開場白，「離你最近的地方，路途最遠！最簡單的音調，卻需要最艱苦的練習！」

　　這條選舉路，我走了整整 25 年！我曾經參與中華民國重大選舉，一共獲得將近 1,780 萬張選票的肯定，一張票一世情，對此，我由衷地感謝！

　　明年 1 月 11 日的中華民國總統大選將是我的第 5 戰 (不含地方選舉)，同時也是「終局之戰」。大家都心知肚明，宋楚瑜距離「凍蒜」的門檻依舊很遠！但當我決定要踏上政治生涯的最後一哩路時，我既不悲憤也不氣餒！我的內心反而舒坦自在，因為我知道這場選舉是我距離從政初心最近的一次。

▲2019年11月13日於臺北長榮桂冠酒店宣布參選第15任總統。

　　宋楚瑜從政的初心就是「天道酬勤」！這是我最愛說、也最愛寫、甚至願意花了 25 年時間徹底實踐、內化於心的座右銘。「天道酬勤」來自於《周易》卦辭，意思就是：上天厚愛勤奮的人，任何人只要勤奮努力，一定能成功！換言之，「天道酬勤」指的就是臺灣人最優秀的基本功「愛拚才會贏！」77 歲仍要參選人生第 5 次總統大選的宋楚瑜，將以「驚輸就袂贏」（臺語），怕輸就不會贏的精神為出發點，希望喚起當初讓臺灣人引以為傲的務實精神「愛拚才會贏」。

　　身為一位從事政治 40 多年的政治老兵，我敢自豪地說，我曾全程參與、並奉獻心力促使臺灣由威權體制轉型成開放民主，解除戒嚴，開放黨禁，解除報禁，修改《刑法》100 條、讓臺灣人不再因為政治理念不同而被判為政治犯。

　　同時在終結萬年國會，推動總統直選等重要的民主化過程，宋楚瑜也是重要的推手，並作出關鍵的貢獻。

　　在這個 80 至 90 年代的「寧靜革命」歷程中，我深刻感受到身為臺灣人的驕傲與自信。如今看到臺灣社會的對立、混亂及延滯，宋楚瑜有必要再站出來、與大家一起打拚！重新找回屬於臺灣人的自信和驕傲！

　　實不相瞞，我從今年 9 月 17 日早上才開始對參選總統之事動心起念，因為前一晚郭台銘先生宣布退選！讓我輾轉難眠，我認為如果臺灣人民無法解開藍綠的「情緒勒索」和「亡國恐嚇」的制約，那非常可悲！

　　如果沒有一位擁有世界級格局、有本事帶領臺灣在美、中、日三強的博奕賽局殺出重圍的總統，也非常可惜！

　　在如此可悲又可惜的情緒籠罩之下，我依舊保持樂觀！因為我堅信自由與民主是我們全體國民的共同DNA，臺灣沒有任何政黨與政治人物有能力賣臺，所以我們要對自己有信心，更要對下一代有信心，因為年輕這一代對自由民主的標準，遠比上一代的要求更高！

▲記者會以自由、民主是我們臺灣人民共同的DNA為背板。

　　我認識很多對「福國利民」擁有理念、熱忱的政治人物，而且超過一半是前途不可限量的年輕人！只可惜我們的選舉制度無法讓藍綠之外的第三勢力擁有揮灑的空間。25年來，藍綠始終惡鬥，第三種聲音總是永遠上不了檯面，若不改變目前的選舉制度，那我們

永遠只能沉溺於藍綠「情緒勒索」與「亡國恐嚇」的陰影中，臺灣無法向前行！

2020年1月11日將是宋楚瑜的「終局之戰」，我期待扮演「獨孤求敗」的角色，為了這一戰，我已經準備了44年。最初的14年，我追隨經國先生和孫運璿院長，學習治國之道以及心存百姓、無私奉獻的初心；後來被派到臺灣省服務，奉行「一步一腳印」，認真走訪臺灣每個角落，我體認到「人民的小事，就是政府的大事」、「官員吃得苦中苦，百姓方為人上人。」

我很喜歡《華嚴經》裡頭的這句話「不忘初心，方得始終」，我目前的心境十分自在，我已不再執著個人的輸贏！我已徹底放下有如過眼雲煙的44年的奮鬥史！毫無包袱的宋楚瑜帶著初心、展開「終局之戰」。

宋楚瑜的「終局之戰」絕對不是「復仇者聯盟」！因為我肯定臺灣任何一個政黨都曾為這塊土地做出過貢獻，我只希望為臺灣的自由民主掀開新的一頁！

我希望，中華民國可以從雙首長制轉變成內閣制。

我希望，《民法》成年下修至18歲，讓年輕世代可以早日負起承先啟後的公民社會責任。同時在教育上，也求向下扎根、而不是向上延伸。

我希望，降低政黨票門檻，提高不分區立委席次的比例。

我希望，降低政黨獲得補助款的標準，讓臺灣政壇除了藍綠之外，還有足夠空間能讓五彩繽紛、七彩奪目的優秀小黨並存於世。

　　我由衷盼望臺灣選民可以告別悲情，不要在藍綠兩黨「您不投綠、則臺灣亡，您不投藍、則中華民國滅！」的長期情緒勒索下，惶惶終日，只能在「國民黨、民進黨，下架民進黨與討厭國民黨」這四種選項中載浮載沉，傷透腦筋。

　　我期待每位臺灣人都能珍惜您的眼淚、尊重您的自由意志，「含淚投票」只是一種讓自由、民主無法繼續提昇的自虐行為！這樣下去，並不是個辦法！我由衷盼望臺灣能夠重回「天道酬勤」的時代，所有人民都願意相信「只要肯努力、就能出頭天」的信念，用彼此尊重與包容的心去化解阻礙。

▲記者會同時宣布副手人選余湘女士。

臺灣有地理位置、人文素養及民主制度三大優勢，我們應該善加珍惜和發揮！中華民國是個了不起的國家，我們是中華文化、西方文化、東洋文化與臺灣本土文化的完美綜合體。我們在中國大陸、美國、日本三個大國的博奕賽局中，小心翼翼地走出一條屬於自己的路，雖然「道阻且長」、但我相信「行則將至」。

宋楚瑜的「終局之戰」不計利、不求名，我的輸贏不打緊！只求臺灣勝、中華民國贏！

Dr. James Soong Announcing His Bid For The Presidency

Dear Friends,

Let me start by quoting Tagore. "It is the most distant course that comes nearest to thyself, and that training is the most intricate which leads to the utter simplicity of a tune."

I have been traveling on this challenging yet rewarding path for the past 25 years and on the way, I have earned the trust of nearly 18 million voters. To me, every vote is a life time of affirmation, for which I'm extremely grateful.

Election Day on January 11th of 2020 will mark the conclusion of my 5th and "final" campaign for the presidency. We are clear minded that the odds for James Soong winning the election are very low. But when I made up my mind to embark on the last mile of my political career it was without resentment or dismay. Just the opposite, I was freely content. The reason I am running this time is very similar to what motivated me to enter public service in the very beginning.

James Soong's decision to serve was motivated by the belief in "God will reward the diligent." This is a belief I've talked and written about most often and have for the past 25 years internalized as a motto to live by. "God will reward the diligent" came from the Book of Changes. It means God loves those that are diligent and will reward them with success. In another word, the teaching dovetailed perfectly with the Taiwanese people's proud ethos of "winning by working hard!" A 77 year-old James Soong is running for president for the 5th time because one can only win by not being afraid to lose! By running, he wants to rekindle the pragmatic spirit the Taiwanese people was once famous for: "Winning by working hard!"

As a veteran of politics for over 40 years, I can proudly say I was a full participant and contributor to Taiwan's evolving from an authoritarian system to a free and open democracy. I helped end martial law, lift the ban on political parties and press restrictions and amend Article 100 (domestic security) to end political persecution.

James Soong was instrumental in abolishing the "Permanent Congress" and paving the way for direct presidential elections and other democratic reforms.

During the peaceful revolution of the 80's and 90's, I felt deeply the pride and confidence of the Taiwanese people. Contrast with today's polarization, chaos and stagnation, James Soong felt an obligation to once again stand up and stand with my fellow citizens. To renew and rediscover our pride and confidence!

Truth be told, I'd only contemplated running again on the morning of September 17, after Mr. Jerry Guo announced his withdrawal on the previous evening. I tossed and turned in bed that night worrying that if the Taiwanese people cannot free themselves of the "emotional blackmail" and "fear mongering" from the extreme partisans of the Blue and Green, it would be a tragedy for our country.

If a candidate with the international stature and the wherewithal did not come forward to help Taiwan navigate through the treacherous power game being played by the United States, China and Japan, it would be a pity.

Even though we are currently under such a gloomy and rueful cloud, I remain optimistic! That's because I'm convinced Freedom and Democracy is Taiwan people's common DNA. No party or politician will be able to sell Taiwan out. We have to have faith in each other and especially in our young. This generation of young people places a much higher bar for freedom and democracy than our generation.

I know many political activists who believe in and are genuine about "a welfare state that benefits all." More than half of them are young people with bright futures. But our electoral system places a constraint on political parties other than the Blue and Green. For 25 years, it's always been a battle of the two parties. There is no room for a third power to rise. If we don't change our electoral system, Taiwan will always be drowning in the nightmare of the Blue-Green "emotional blackmail" and "fear mongering" and languishing in status quo!

January 11, 2020, will be James Soong's "Final Battle." I'll be playing the role of "The Lonely Underdog." I've been preparing myself for this battle for 44 years. For the first 14 years of my public service, I learned under the tutelage of the late former president, Mr. Chiang Ching-kuo, and the late former premier, Sun Yun-suan, on how to manage a country and to always have the people's welfare in mind and be selfless. Then I was appointed the governor of the Province of Taiwan. I adhered to the principle of "every step taking is a step forward" and visited every corners of our island and learned that "there's no such thing as a trivial matter when it comes to the issues concerning our people" and also "a tired official makes a higher citizenry."

I love this passage in the Avatamsaka Sutra: "Stay true to oneself and enlightenment will come." I am now carefree. My personal outcome is no longer important. I've completely put to rest my struggle of the past 44 years. James Soong is beginning his "Final Battle" without any burden or baggage.

This battle is not a battle for revenge. I firmly believe every political party in Taiwan has made real contribution to the country. My only wish is to open a new chapter for the freedom and democracy of Taiwan!

My wish is for the Republic of China to change from a quasi-presidential system to a parliamentary system.

My wish is for the voting age to be lowered to 18 so the younger generation can assume the mantle of their civic duty earlier. Also, for our educational system to be more grass root and less top down.

My wish is for a lower threshold for political party participation and a higher share of legislative safe seats for political parties.

My wish is for a lower requirement for the distribution of election finance funds so that elections are not limited to Blue and Green but multi-colored with a rainbow of small parties flourishing.

I sincerely wish Taiwanese voters can say goodbye to despair. To break free from the false dichotomy of "vote Green or Taiwan will desist" or "vote Blue or ROC is no more" perpetrated by the Blue-Green emotional wreckers. And stop punishing yourself by thinking the choices are only DPP, KMT, Cancel DPP or Never KMT. There are alternatives.

My wish is that every Taiwanese can put a spigot to their tears and exercise their free will. "Vote tearfully" is counter-productive to the cause of freedom and democracy and self destructive! Continuing down this path is not an option! I sincerely wish Taiwan can return to the ethos of "God will reward the diligent" of yesteryear, with every citizen believing in the maxim of "if you work hard, success will come!" and to overcome obstacles with mutual respect and tolerance.

Taiwan has the three advantages, including geopolitical location, a highly cultivated society and democracy. We should treasure and use these advantages to the utmost! The Republic of China is a remarkable country. We are the perfect amalgamation of Chinese culture, Western culture, Japanese culture and indigenous Taiwan culture. We can delicately find our own way to flourish among the three powers of Sino-US-Japan. The road may be long and full of obstacles. But I am certain where there's a will, there's a way.

James Soong's final battle is not for fame or fortune. Winning and losing is irrelevant. What matters is that Taiwan wins! ROC triumphs!

第十五任總統候選人宋楚瑜
參加2020總統大選青年論壇

講稿全文

2019年12月6日　臺北國際會議中心

主持人：

現場及收看「傾聽我們說—2020總統大選青年論壇」的觀眾朋友們大家晚安，大家好，我是今天晚上的主持人，臺灣青年民主協會林彥廷。「傾聽我們說—2020總統大選青年論壇」是由「社團法人臺灣青年民主協會」主辦，「臺灣學生聯合會」、「i-voter議題立場分析」、「沃草」合辦，並且與全國38所大專校院共同協辦，與「NOWnews今日新聞」獨家媒體合作。我們邀請了3位候選人共同來出席論壇，分別以座談的形式，傾聽青年世代的意見，也回應年輕世代的訴求。先前我們已經邀請到了蔡英文總統候選人以及韓國瑜總統候選人，今天是「傾聽我們說——2020總統大選青年論壇」的第3個場次，我們邀請到的是宋楚瑜總統候選人。接下來，就讓我們一同用掌聲來歡迎今天蒞臨現場的總統候選人宋楚瑜。

宋楚瑜：

大家好。謝謝。

主持人：

謝謝今天宋楚瑜總統候選人蒞臨「傾聽我們說——2020總統大選青年論壇」總統大選青年論壇。「傾聽我們說——2020總統大選青年論壇」是由「社團法人臺灣青年民主協會」主辦，「臺灣學生聯合會」、「i-voter議題立場分析」、「沃草」合辦，並且與全國38所大專校院共同協辦，與「NOWnews今日新聞」獨家媒體合作。

今天我們除了在現場參與的青年朋友們之外，我們同時也全程進行網路的直播。接下來就由我來向總統候選人介紹一下我們今天的論壇流程。

首先，我會先邀請總統候選人以 15 分鐘的時間，來向現場的青年朋友，以及直播前的觀眾來說明，未來 4 年，如果您擔任中華民國總統的話，您對青年政策做出的總體規劃，以及如何來回應青年世代的訴求。接下來呢，我們邀請到的 6 個青年團體，他們已經在先前各自提出 3 個他們認為青年世代都非常關注迫切需要獲得回應的重要議題，會從中抽取出一題，邀請總統候選人進行回應。每一題您都能有 3 分 30 秒的時間來進行回覆。在第三個階段，各位現場參與的青年朋友，可以透過您入場憑證背後的 QR code 來掃描，進入一個線上的提問表單。我們會在晚上 8 點 10 分的時候，作為一個截止的時點，在這個時間點，統計出在按讚數上獲得前三多的問題，由我來向總統候選人提出。這 3 個問題，每一題，總統候選人，您也都有 3 分 30 秒的時間來做出回應。主辦單位有權將涉及人身攻擊，明顯重複或不為問題形式的留言予以排除或不計入排序的計算。第 4 個階段，我們會邀請公民團體「沃草」，針對今天總統候選人在整場論壇中的發言內容，進行一個事實的查核，也就是所謂的 Live Fact Check，他們會用 3 分鐘的時間來向您做出今天查核結果的報告，您也有 3 分鐘的時間來回應他們的查核報告。最後我還會邀請總統候選人以 5 分鐘的時間，總結您對於未來 4 年青年政策的規劃。以上大概就是今天這一個論壇的流程。

為求公平，我們主辦單位今天也特別準備了倒數計時器，就在舞臺的左方，候選人可以看到來掌握時間，就請您好好把握，直接、具體的來回應我們青年世代的訴求。事不宜遲，就讓我們先邀請總統候選人，以 15 分鐘的時間，來向在場的青年以及直播前的觀眾，說明您對於青年政策的規劃。

宋楚瑜：

首先我要謝謝彥廷和今天主辦單位的邀請，讓我來跟各位青年朋友談一談，如果楚瑜能夠當選中華民國總統，我會對臺灣未來許許多多的事情將如何處理？向我們年輕的朋友報告。

剛剛我進來的時候，彥廷就特別把他這個組織的三大訴求告訴我：世代正義、永續發展和多元價值。你事先也把 16 道題目送給我來了解，坦白講這些問題我看了之後，我真是為臺灣慶幸，因為這說明我們臺灣的年輕一代，不僅關心臺灣的未來，更關心我們如何跟世界同步的發展。這樣的公民素質，讓我真正感覺到非常高興。

很多人都認為 3 位總統候選人之中，我是一個比較年長的，但是年長的歷史，不表示是我的包袱。事實上，我在成長的過程當中，這些歷史的發展，讓我能夠經歷很多的事情，讓我學到很多，我也參與很多。我都是用一種態度，用英文來講叫做 Proactive，not Reactive，我不但會預想到未來我們應該會發生的事情而預為綢繆，而且我自己也曉得我不能被歷史的包袱綁住。所以，我跟年輕的朋友，要說一句，當臺灣在最危險的時候，我們退出聯合國，宋楚瑜

在美國學成之後仍然選擇回到臺灣，我參與過的，不僅是解除戒嚴、開放黨禁，還有現在我們可以直接民選總統和立法委員，這些過程我都參與過，都曾扮演過積極推動的角色，而且還是 Proactive。為什麼？因為我認為臺灣不能夠保守，臺灣必須要向前進。

▲宋楚瑜受邀參加2020總統大選青年論壇發表青年政策，全程不看稿的侃侃而談。

我最近看到電視新聞報導，感觸很多。使我想到在 30 年前，世界性的一件大事。柏林的圍牆終於倒下來了。但是我們也看到，現在我們臺灣不僅在國內築起一座一座的小圍牆，全世界不也在那邊築起更多的圍牆。想想看 60 年前，以美國為首組成的「北大西洋公約組織」，前 2、3 天在倫敦開會，美國的總統跟加拿大的總理，一位是 Trump 先生，一位是 Trudeau 先生，在 2017 年 APEC 高峰會期間，我都跟這兩位直接見面會談過。這兩位在這次北大西洋倫

敦峰會竟然鬥嘴，以前美、加是多麼堅強的盟友，現在他們也有各自的立場，也在築一些小小的、自己國家本位主義的圍牆。

▲2017年APEC領袖午餐會後，美國總統川普特別走上前來向宋楚瑜致意握手，肯定稍早前宋的發言。

我們也看到，在這個同時，聯合國正在西班牙馬德里召開「氣候變遷的會議」，但是執政的人都沒有去參加，美國是剛退休的美國國務卿 John Kerry 先生出席，他組成一個「第零次世界大戰」（World War Zero）新聯盟。凱瑞先生跟我在 APEC 也見過面，當時他是美國國務卿，三年前，我們在 2016 年 APEC 早餐會共同宣布籌組「APEC 婦女與經濟子基金」（APEC Women and the Economy Sub-Fund）合作意向。我和他進行臺美雙邊會談的時候，他在門口接我，第一句話：「Sir」，特別對我表示禮遇。

◀APEC宋楚瑜和加拿大總理
杜魯道（Justin Trudeau）交
流會談。

▲2016年APEC，宋楚瑜與美國國務卿凱瑞（John Kerry，左一）共同主持亞太婦女政經
權益促進會成立，並與秘魯副總統阿勞斯（Mercedes Aráoz，右二）等人合影。

　　各位親愛的鄉親，你看看全世界，包括這些在西班牙馬德里開會、在倫敦開會所討論的問題，不就是我們今天青年朋友們所關心的問題嗎？不就是我講的臺灣未來面臨的五大挑戰嗎？哪五大挑戰？第一，氣候變遷。氣候變遷之後，我們到底怎麼樣來因應？這是全世界的問題，臺灣也應該要有因應。第二個嚴重的挑戰，就是我們人口結構的變化，包括老年化和少子化。第三個大的挑戰，世界的經濟結構開始變化。AI 產業向上提升，但是臺灣的傳統產業和服務業占了 7 成、8 成，怎麼樣做一個平衡？這也是我們未來的總統必須要面對的大問題。第四個，全世界重新的經貿再整合。你看最近最大的新聞是 RCEP，因為東協要加六，除了紐、澳之外，印度和日本、韓國也要加入，當然還有中國大陸。但是印度和日本最近發生一些變化，在這些許許多多重新組合的經濟結合體裡面，臺灣如果逐漸的被排除，不沾邊、被邊緣化，臺灣未來到底怎麼辦？第五個最大的問題是，全世界也同時發生的，就是貧富差距擴大的挑戰，也就是我們所謂收入不均衡的問題越來越嚴重。我們面臨的五大問題，有哪件事情能與我們未來的青年朋友沒有關係？而且都有非常深切的關係！

　　但我要再加一個，第六個最大的挑戰，也就是我們的教育方向與理念。我們對於青年培養的許許多多的政策，是不是能夠真讓我們的下一代更能夠跟世界接軌，而且不會輸給他們？

　　各位親愛的青年朋友，在過去兩天加上今天，你們提出來的問題，何止是考未來中華民國的總統，全世界領導人也都面臨這幾個

大的問題，我們要如何因應？

我記得美國有位總統，他是我的喬治城（Georgetown）大學校友——柯林頓（Bill Clinton）總統。他在參選美國總統的時候曾經講過一句很有名的話，他說「笨蛋！問題在經濟！」我不敢這樣講，我要說「親愛的年輕朋友們，問題何止是經濟，問題在領導」。臺灣，我們將來選出的總統，We do not need strong man, we need strong leadership. 我們所需要的不是一個強人，而是要一個堅強的領導，能夠掌握三個最核心的東西——核心的價值、核心的戰略、核心的管理方法跟步驟。

▲1979年9月11日，經國先生會見美國阿肯色州（Arkansas）州長柯林頓（後為美國第42任總統），宋楚瑜擔任傳譯。

什麼是我們臺灣的核心價值？在臺灣每一個人都受到《中華民國憲法》的保障。《憲法》第2條特別明文的說，中華民國的主權

屬於國民全體。每一個人不管是在地的，或者是新住民，都要受到我們《憲法》的保障。因此，自由民主是我們共同的 DNA，沒有任何人可以讓我們放棄自由民主的制度。所以我特別提出我們親民黨和我的共同十大政見，這十大政見第 1 條、最重要的，就是要正視中華民國政府存在的事實。而且對於青年朋友說，我們希望把《民法》成年下修到 18 歲。所有這些基本的十大政見，請大家一起看我的臉書，我在這邊就不一一的向大家報告。我在這邊所要強調的就是，我們未來的領導人如何把總統當作一個最重要的平臺，這個平臺就是 We need strong leadership，要把各個部會，要把民間的資源，把不同世代的想法，規劃出來，整合起來。

我剛剛所說的第二個非常重要的就是核心戰略，這個戰略，就是臺灣要善用我們最好的三個優勢。什麼是臺灣最好的三個優勢？地理位置，世界上沒有哪一個人會輕忽臺灣今天的地理位置，美國、日本、大陸哪一個會不肯定臺灣的地理位置的重要性？

好可惜啊！臺灣在我做省長的時候，中央政府號稱要發展「亞太營運中心」，但是後來政策錯了，說不可以到大陸去做生意，就是推出一個叫做「戒急用忍」的政策。我在擔任臺灣省長時，高雄港由臺灣省政府督導管理，原來高雄港的吞吐量是排名在全世界第三、第二、往第一走的時候，那時候大陸上海市洋山港還沒有建起來，但是由於中央這個錯誤的決策，讓我們這個地理優勢卻沒有能去發揮。

第二個核心戰略思想，我要強調的是我們必須要用什麼戰略來

求生存發展？簡言之，就是要用我之強，來拚人家的弱。什麼是我之強？臺灣是三種文明的集合體：有中華文化、有東洋文化、有西洋文化，還有原住民在地文化。這種多重文化的結合，讓我們擁有第三個優勢，就是自由、民主、開放的體質，成為全民珍惜的價值，讓我們有創意，同時也不忘必須要跟世界接軌

　　未來的總統如何發揮我們臺灣的優勢？還要靠「strong leadership」，要把有限的資源達成公平的分配，不只是給我們年輕的世代，更要善用總統的整合能力，擬定政策方向，找出正確的方法，進行管理。這就是堅強領導的第三個應該掌握的重要核心——管理方法。其實政治管三件事情：管政策方向、管資源運用、管用人。用最能幹、最適切的人，使用有限的資源，達成我們追求的目標。

　　但是很可惜的，在資源運用上面，我們看到臺灣兩大黨在那裡對撞，築起藍綠對立的高牆，讓我們這樣一個小島上面，鄉親彼此在猜忌，彼此之間形成一塊、一塊的對立。臺灣未來的領導人不可以再持續去把臺灣分裂，而應該讓我們共同面對世界，面對未來，好好的掌握我們的優勢。我們也許有不同的過去，但是我們卻有共同的未來。We may have different past, but we have common future. Because we share the same values and interests. 我們必須守護臺灣這個可愛的島，讓我們大家生活在一起，發揮我們真正的長處。那就是臺灣自由民主的價值，讓每一個素質這麼好的公民能夠跟世界去溝通、跟世界接軌，重新找回臺灣的自信和驕傲。這是我向大家所做的承諾，我說到做到，我有這個能力。謝謝大家！

主持人：

　　謝謝宋楚瑜總統候選人。接下來，我們會進入青年團體提問的階段。這一次「傾聽我們說——2020總統大選青年論壇」邀請到六個青年團體，分別是臺灣青年民主協會、臺灣學生聯合會、i-voter議題立場分析、臺灣青年氣候聯盟、原住民族青年陣線以及全國中學學生權益研究會。他們在先前已經各自提出3個他們非常關注，也是青年世代非常關注的議題。那麼，接下來，他們會各自抽出其中一題來向您提問，總統候選人每一題有3分30秒的時間來進行回覆。在我們正式進入這一階段之前，先容我提醒各位，現場參與的青年朋友，您可以透過入場憑證背後的QR cord掃描進去的現場提問系統裡面，向總總統候選人進行提問，主辦單位會在晚上8點10分的時候，作為一個截止的時點，統計出讚數獲得前三多的問題，由我來向總統候選人進行提問。那麼接下來，先邀請第一個青年團體的代表——「臺灣青年民主協會」代表進行抽題，並且提問。

問：

　　總統候選人您好，我們是「臺灣青年民主協會」，我們抽中的問題是，有關高房價一直是臺灣年輕人面臨的大問題之一，根據內政部統計，臺灣房價收入所得比在去年第2季達到9.2倍，創下歷史新高。為了解決房價居高不下的問題，過去政府推動了「實價登錄」的政策，抑制炒房。然而，現行的實價登錄政策，以區段化呈現，資料過於模糊也由於交易時間差，導致房價無法即時被反應。

請問總統候選人，將以什麼具體作法，讓房市交易完整透明，並讓空餘屋釋出市場，遏止炒房，保障青年世代的居住權？另外，針對最近相當火熱的房屋稅制改革，如徵收空屋稅、囤房稅等，候選人認同嗎？如果要加徵，又要如何加徵？此外，針對房屋稅長期以來定位和稅基設定的問題，讓房屋稅即使稅率提高，也不一定能真正課徵到同等的稅額，因為房屋稅屬於地方稅，中央又鞭長莫及，總統候選人又該如何因應和調整房屋稅的定位？

主持人：

謝謝「臺灣青年民主協會」代表的提問，接下來呢，我們就有請總統候選人，以 3 分 30 秒的時間來進行回覆。

宋楚瑜：

謝謝你問的這個非常重要的問題。其實，我們年輕的朋友最關心的還不只是房價的問題，最重要就是他如何能夠找到跟他工作接近的地方，有一個比較合理的房價，能夠取得住所。我第一個要提出來的觀念是，「打壓房市，不是最好的辦法」。目前在臺灣我們86％的鄉親都擁有自己的住屋，但是年輕的朋友最關心兩件事情，就是他在就學的時候，宿舍的問題怎麼解決？他將來進入職場之後，他的工作的收入能不能跟房價結合起來？

我的幾個基本政策方向，第一個，擴大就業和通勤的生活圈。在這個前提之下，我特別強調的是，未來我們希望國土重新規劃，

把政治中心放在中部、把經濟重心放在北部、把南部變成休閒和退休、旅遊的中心，包括東部在內。對於年輕人，我特別提出，請大家看我的臉書，所謂「兩桶金」。我們將來對於青年住宅的問題，有一些未來的規劃。我最近會跟鐵路局的同仁共同思考，有多少公有的閒置土地，包括過去鐵路兩旁的公有閒置土地，應該能夠開發起來，一方面重新為我們年輕的朋友們來創造「住」的機會，他們可以用最合理的價錢去解決住的問題，另一方面也可以為鐵路局開闢財源，解決鐵路局多年的財務問題。

我在 2004 年參選的時候，就曾建議國民黨高層，在臺北市士林區東吳大學旁邊的中影文化城捐出來改為學苑，那個周邊有多少的大學生是從中南部到臺北來念書的，我建議把它變成學園，但是國民黨沒有聽進去。如果在那邊建學生宿舍的話，周邊學校的學生一定可以受惠。將來我執政之後，我會對這些學生的宿舍問題加以解決。

第二，我們也會去推動，做一些平價的青年宿舍，甚至於有些時候是只租不賣，但是 3、5 年之後，我給你兩桶金，將來能夠讓你可以開始有自己的房舍。這個政策是兼顧到市場的機制，但是，另外一方面也解決年輕就業時候高房價的問題。

主持人：

謝謝總統候選人的回應。接下來我們邀請第二個團體——「臺灣學生聯合會」的代表進行抽題並且提問。

問：

這位候選人您好，我們是「臺灣學生聯合會」。我們抽中的問題是，關於高教長期發展政策，因應少子化及過去大專校院擴張的背景，現今之高等教育面臨生員減少、學校資金短缺的困境。請問您認為高等教育的有限資源應當如何分配？針對高等教育長期發展的擘劃，您是否擬定了相關的政策？

主持人：

謝謝「臺灣學生聯合會」代表的提問，接下來，請總統候選人一樣用 3 分 30 秒的時間來進行回應。

宋楚瑜：

我一直認為教育是我們最重要的一個國家政策，教育是讓貧窮不會世襲化的重要關鍵。中華民國有一部全世界大家都非常羨慕的《憲法》，我們原來《憲法》條文裡面規定，中華民國政府的教科文預算支出在中央不得少於 15％、在省不得少於 25％、縣市不得少於 35％，但是後來被國民黨修憲完之後，省政府被廢，省府一年 1,000 多億可支援縣市政府的國中、小教育經費，就被「暗槓」掉了。

對於高等教育的看法，我特別要提出公立和私立的資源分配要均衡。目前，很顯然太過於相信只有公立學校才重要。難道私立學校都是學店嗎？在這種情況之下，我要重新重視公、私立大專院校資源分配的公平性。

　　第二個，我們一定要把教育的發展跟就業市場結合。不僅需要跟就業市場結合，更要跟國家長遠的經濟發展的政策、公務員品質提升等等做結合。現在好多老師們跟我抱怨現行的評鑑制度太過於僵化、不切實際，純然使用一些制式的方式來評鑑。比如說，有些專業科系，那些老師不需要有博士學位，但是實務的經驗很重要。另外，應該讓學生也有參與對學校管理和對學校應興應革相關發言參與的機制，不是去搗蛋，也不是去對立。教育的對象就是學生，學生對這些許多的問題，應該要有參與的權利。

▲宋楚瑜開心的與青年論壇的學子們熱絡互動。

　　臺灣的教育需要重新好好的去思考。高等教育的目的到底是什麼？難道只是要為了要餬口、混口飯吃？還是追求卓越？我們要追求的當然是卓越，高等教育 is not just looking for a job，而是要真正

培養訓練學生未來要有個好的 career。我們要追求世界的卓越、去賺大錢，而不是只去做代工，在後面撿小錢。這應該是我們教育重新思考的方向，我會好好去做，謝謝。

主持人：

謝謝總統候選人的回應。那麼接下來我們要邀請第三個團體是「i-voter 議題立場分析」，有請代表進行抽題，並且提問。

問：

總統候選人您好，我們是「i-voter 議題立場分析」，我們抽中的問題是有關自由貿易經濟特區。臺灣目前因許多因素，暫時無法加入如 RECP、CPTPP 等區域貿易協定，因此自由貿易經濟區成為另一種可能方案，有人主張在國內部分區域推動自經區，然而也有人認為自經區的設置，可能會對中小企業或青年的創業機會產生衝擊，想請教總統候選人是否贊成設立自由貿易經濟特區？

主持人：

謝謝「i-voter 議題立場分析」代表的提問。接下來，我們就邀請總統候選人一樣 3 分 30 秒的時間來進行回應。

宋楚瑜：

謝謝你提這一個關於臺灣經濟發展未來方向很重要的問題，

就是我們要不要設立自由貿易區，和自由經濟區？我兩次去參加APEC會議之後，我有一些感觸，我要提出未來在國際經濟策略上的方向──政經分離。什麼意思？那就是全世界現在正在組合不同的經貿團體，例如 RECP 及其他不同的組合。2016 年我第一次去參加 APEC 時，我們的政府給我一個概念，我們到國際場合去，就是要「對匪鬥爭」。因此在每一個場合裡面，要據理力爭跟人家吵架，讓其他的國家必須在臺灣跟中國大陸之間要選一個。各位親愛的鄉親，難道我們不希望有更多的這些國家承認我們嗎？

但是我參加了 APEC 會議之後，我發現他們都很羨慕臺灣中小企業的發展，都希望聽到並分享臺灣的經驗。講一個簡單的例子，我跟俄國的總統普丁直接對話，我向他簡要說明，在俄國冰天雪地度過 12 年的蔣經國先生如何重視縮短城鄉差距、重視中小企業。我說臺灣的高科技，尤其是中小企業，和我們的溫室栽培舉世第一，如果您把西伯利亞開發的機會給臺灣，我一定保證可以供應給海參崴所需要的蔬菜水果和花卉。因為俄國有足夠的能源，包括天然氣與石油，這些承諾我們都可以做到。不要以為是笑話喔！

結果，他竟然派了他的駐臺灣的代表白樂賢（Sergey Petrov）親自包下台北一家俄國餐館請我吃飯，第一次還帶了一瓶 Vodka 酒，同時帶了臺灣很有名的「明星」糕點來配酒，俄國代表親口告訴我──他聽說經國夫人很喜歡這家的點心，但是更重要的就是跟我們談怎麼樣廣續推動臺俄雙邊經貿文化交流發展。也就是你剛剛講的，你要自貿區，你有沒有什麼可以誘人的地方？有什麼誘因是別的地方

▲APEC宋楚瑜與俄國總統普丁（Putin）分享臺灣經驗。

▲俄國駐臺代表白樂賢（左一）邀請宋楚瑜參加俄國國慶酒會。

沒有而臺灣可以提供的。坦白講，有些臺灣政治人物跑到國外去招商說，我可以引進國外的錢來臺灣投資，我們可以提供便宜的土地……。小心，他會變成圖利他人，被關起來。這就是我說最近韓市長不要在那邊隨便說您可以成立自貿區，因為那是中央的權力，那不是您的權力。

我們要去設任何這類貿易區，首先要有吸引力，有誘因，過去我們有廉價的勞工，我們有高品質的、很好的技術工人的條件，因此我們要創造條件，我們要迎頭趕上，我們需要把這些經貿區的基本的基礎設施要去做好，才有吸引力。所以我會積極處理技職教育和相關的這些配套措施，並一一提昇，同時，政府許多不合理的約束要鬆綁，包括人才引進的約束，要重新調整，加以改善。我會說到做到。

主持人：

謝謝總統候選人的回覆。接下來我們邀請第四個團體之前，再一次提醒各位，現場的青年朋友可以透過入場憑證的背面，QR cord 掃描來進入現場提問的表單，表單會在晚上的 8 點 10 分作為截止的時點，進行統計，再請各位把握機會。接下來我們要邀請的第四個青年團體—「臺灣青年氣候聯盟」，有請「臺灣青年氣候聯盟」的代表抽題並且提問。

問：

　　總統候選人您好，我們是「臺灣青年氣候聯盟」，我們抽中的問題是有關氣候行動國家自定貢獻。2020 年是《巴黎協定》正式生效的一年。各國政府都會提出他們 5 年為一期的「國家自定貢獻」（氣候行動目標），請問您要如何去整合社會與政府資源，提出有效的 2020 臺灣「國家自定貢獻」？

主持人：

　　謝謝「臺灣青年氣候聯盟」代表的提問，接下來就邀請總統候選人一樣以 3 分 30 秒的時間進行回覆。

宋楚瑜：

　　非常謝謝，你剛剛提到一個世界性大家都關心的問題。這就是我一開始講的，最近聯合國在馬德里的聚會，大家都關心的減碳問題和相關氣候變遷的問題，這是一個跨世代大家都關心的問題。其實，政府就是那個平臺，總統和行政院是最重要的平臺，他必須要去整合很多的這些相關做法。我們現在看到臺灣中部的部分，特別對於「中火」的問題，大家都非常的關心。氣候變化所帶來的一連串的這些衝擊，不是只有防災的問題，還有國土重新規劃。例如：臺北盆地，因為氣候的變化，將來會造成海水上漲和相關的衝擊。政府，剛剛講要 Proactive，就要事先去妥為規劃因應，對於我們農業、漁業發展，也要一併考量。所以，絕對不是單一一個單位的責任，而是需要一個整體的平臺來好好的規劃、來整合處理。

我們親民黨有一位非常傑出的李鴻源先生，寫了一本書，我不是在幫他推銷，但是，他在裡面就提到了許多我們目前應該怎麼樣去處理氣候變遷和一連串的需要因應去做的事情。包括我們現在防災的問題也好，或者是我們對於節能減碳的問題也好，尤其是我們對於跟國際社會相互對應，應該積極作為，我們也需要有跟國際溝通的管道。因此我說，總統和未來的行政團隊，對這個問題不能再只喊口號，我們需要預做防範，尤其是海水上漲和山林的保護等等問題，我們需要好好的有一些作法，我們應該一起共同來努力。

此外，我們既然共同對這個問題已有一些共識，那將來在我們的教育體系裡面，也應該特別加強年輕世代對於這些問題的基本常識和正確觀念。最近，有位瑞典女孩子差點要得到諾貝爾和平獎，表示年輕的世代跟老年人同樣關心環保及氣候變遷的問題。但年輕人更關心，為什麼？因為你們會活得更長，你們受到的影響，比我們這一代可能還要來得更嚴重。所以讓我們一起共同對這個氣候變遷問題來關心，讓我們有一個堅強的行政團隊來處理這些非常重要的大問題。還是那句話，政府是一個平臺，堅強的領導更是一個關鍵。謝謝！

主持人：

謝謝總統候選人的回覆，接下來我們要邀請到第五個團體——「原住民族青年陣線」的代表，來為我們進行抽題並且提問。

問：

　　總統候選人您好，我們是「原住民族青年陣線」，我們抽中的問題是有關於平埔族群正名。2017 年的兩公約國際審查中，國際審查委員會指出山地、平地、平埔原住民的身分認定分類方式有違原住民族的自我認同。而目前臺灣的西拉雅、馬卡道等平埔各族群 10 幾萬族人，由於尚未被承認為原住民族，使得文化復振工作處處受限。請問各位候選人打算如何面對這 10 幾萬因過去政府疏失而無法取得原住民身分的平埔族群人口？是否承諾將平埔族群納入原住民族、恢復他們的原住民身分？而《原住民身分法》修法所涉及的立法機關運作機制，候選人打算如何展開溝通和協商？

主持人：

　　謝謝「原住民族青年陣線」代表的提問，那麼接下來就請總統候選人一樣以 3 分 30 秒的時間進行回應。

宋楚瑜：

　　謝謝你提這個關於我們原住民的問題，我是今天在場和現在在臺灣的政治人物裡面，對原住民的問題曾經投入做了許多重要的工作，也是關懷原住民政策的重要推手之一。我們今天《憲法》裡面之所以特別對於原住民的照顧，讓原住民能夠在增修條文裡面增加了第 10 條，開始能以《憲法》的高度，定位原住民的問題與關係。這是我擔任國民黨秘書長時期，積極的跟國大代表共同努力的

結果，才能把這第 10 條加進去。而你所提到的平埔族的問題，坦白講，我在擔任省長的時候，那時候只有九族，還沒有平埔族。我跟原住民有很多接觸，也學會九族的問候語，包括會說阿美族的話，……。不是在選舉的時候，候選人為拉選票，大家都會學那個排灣族的問候語「馬哩馬哩」，但當選以後，在原住民需要他們支援時，「那裡那裡」都看不到這些政治人物！

今天平埔族這個問題之所以讓大家覺得很複雜，是因為對於原住民參政權的有些問題還不能妥善解決。而對平埔族的政治參與，他們的權利保障，到現在為止，因為很多的技術層面，包括戶口相關的資料不夠完備。所以蔡總統曾經答應過在四年之內，應該把這個問題要去處理好，但迄今未有答案。

▲2016年8月宋楚瑜率親民黨立法院黨團委員幹部訪問蘭嶼，關心原鄉發展。圖為宋楚瑜、周陳秀霞委員在蘭嶼島上部落傳統地下屋與鄉親交談。

你剛剛講平埔族的這些問題，我們確實應該好好的解決。但是我必須要講，就是在所有的原住民許許多多問題當中，不是單一只有平埔族的問題而已。最近大家都討論到蘭嶼的問題，而更嚴重的是，原住民在都市裡面所面臨居住的問題，至今沒有解決。我前幾天才到新北市南靖部落去看，看了以後心裡面很難過。原住民在都會地區就業的問題更是嚴峻，他們要的是就業，不是救濟；他們要的是補償，而不是補助。平埔族的相關問題也應該從這個角度一起來討論，讓他們取得適當的法律地位，獲得適當的法律照顧和保障。他要求的不是救濟、不是可憐，要求的是尊重和公平的機會。因此，平埔族也應該跟其他的原住民享有同樣的待遇，我會往這方面來去努力。謝謝你再次的提醒我們大家重視平埔族地位的問題。

主持人：

謝謝總統候選人的回覆。接下來我們要邀請第六個青年團體——「全國中學學生權益研究會」的代表，進行抽題，並且提問。

問：

總統候選人好，我們是「全國中學學生權益研究會」，我們抽中的問題是有關校園中的少數群體權益。校園中有各種少數群體，他們的權益有時會遭到整體政策規劃的漠視，例如在現行的國民教育教材中，主要教材內容仍以中華文化為主，如何以具體作法，使文化少數（例如：原住民、新住民）的文化權與受教育權被平等的

重視？另外，面對校園中仍遺留的威權人像，如何使群體少數（例如：政治受難者後代）之權益受到充分保障？

主持人：

謝謝「全國中學學生權益研究會」代表的提問，接下來我們就由請總統候選人以 3 分 30 秒的時間來進行回覆。

宋楚瑜：

謝謝，像你這麼年輕的朋友，都關心到我們國家政治發展當中一個根本的問題，那就是我們要正確的認識歷史。同時，我們對於過去歷史中這些許許多多不平的事情，需要重新做一個調整。你剛剛特別提到了，包括校園裡面所謂的威權，或者是某一些政治特殊背景的人，他們的後代教育，應該給予公平的保障，我都非常重視。我是臺灣現存中少有一個政治人物，跟不同的黨外人士曾經進行過積極溝通。我可以這樣講，你剛剛所說的問題，我們要用更大的包容，不要再另築起高牆，要推倒這些隔離的牆，需要用包容，要用體諒，要用同理心。

我舉一個簡單例子，我曾經去過芬蘭，芬蘭的皇宮前面至今還有一尊好大、好大的俄國沙皇亞歷山大二世的銅像。對了，今天是 12 月 6 號，剛好就是芬蘭的國慶，1917 年的今天，芬蘭宣布獨立。我就問芬蘭的導遊，那個沙皇過去統治芬蘭，他的銅像怎麼還放在那裡？他說，那個就是提醒我們，如果我們不好好努力，我們將來

還會被別人來統治。所以，歷史是一面鏡子，不是一根繩子。鏡子，讓我們了解過去有哪些的缺失，我們不要犯同樣的錯誤。歷史不是一根繩子，不要永遠把我們綁住。我們相親相愛的同胞，大家別再分彼此。

在這邊，我要反覆的來說，政府對於過去的許多的歷史，要還原歷史的真相，不要妖魔化一些人，也不要神話一些人。蔣經國先生有他的貢獻，也許大家對於那個戒嚴時期有些事情不滿意，可以說出來。我們也看到李登輝先生，他對臺灣民主發展也曾經有過貢獻，但是他後來廢省和相關的作法，把今天臺灣的行政體系中央與地方相關銜接破壞了。歷史本來就應該從不同的、公正的角度來作為我們共同的參考。我最喜歡一段古文，就是杜牧的《阿房宮賦》，最後的幾句話說，「滅六國者六國也，非秦也」。如果大家都相親相愛，還會被滅亡嗎？所以「秦人不暇自哀，而後人哀之；後人哀之而不鑑之，亦使後人而復哀後人也。」這種的教訓讓我們再次了解，歷史是一面鏡子，而不是一根繩子，我們大家應該彼此包容。謝謝！

主持人：

謝謝總統候選人的回覆，第二個階段的青年團體的提問，也就在這邊暫時告一段落。接下來會進入到第三階段，也就是現場提問環節。剛剛主辦單位在晚上 8 點 10 分的時候，已經從線上的提問表單中，統計出獲得前三多讚數的問題，由我這邊來逐字逐句的

讀出這位現場青年朋友所提出的問題，來代為向總統候選人進行提問。首先就要先請教您第一題，每一題都有3分30秒時間來做回覆。

第一題，現場青年朋友，想要提問您的是：宋總統候選人曾經說過，若國民黨推出朱、郭、王為候選人，您就不需要參選。請問，您認為韓除了沒經驗外，是否也有其他理由讓您認為他不適任？這個問題，您有3分30秒的時間來進行回應。

宋楚瑜：

這個題目有兩個面向，一個是，如果國民黨提出其他很優秀而有經驗的人的話，我不會出來。坦白講，大家都很清楚，國民黨產生這樣的一位候選人的背景，我不需要多去說。我前幾天講過幾句比較直率的話，沒有開過飛機的人，我們讓他去開飛機，把我們的命交給他，是很危險的事情。請問，我們看看現在如果要在這樣子一個艱難，和面臨這麼多的困境，是個非常之局的情況之下，難道不需要有一個非常有能力的人來處理嗎？很顯然，我們看到了這次國民黨的這一位候選人，就像他昨天自己講的，他心很好。但，好心的人不一定會開飛機。我們要有能幹的人，才能夠安全的起飛，安全的降落。這個才是我們真正大家所關心的問題。

從另外一方面來講，國民黨怎麼會產生這樣的候選人？我記得我小學的時候，老師給我講的笑話。他說，老師問小華：「你下輩子要做什麼？」小華說：「我下輩子要做母狗。」老師說：「為什麼？」小華回答「因為老師告訴我們『臨財母狗得，臨難母狗免』，

所以我要做母狗。」老師說：「那是『毋苟』，不是『母狗』！」

上一次 2016 年大選的時候，那個困難的時候，國民黨大咖都不出來；看到有機會，時機好的時候，大家都搶著出來。我剛剛講，做一個政治人物，要有使命感、要有擔當。最重要，一個領導人要有 Leadership。Leadership 的條件是什麼？我回頭會跟大家報告。如果國民黨整合起來，有一位當時大家都可以接受的候選人，我就不需要再出來。很顯然，我們發現這兩個大黨的領導人都有些缺失，Leadership 所需要的品質不夠，臺灣面臨這樣嚴峻挑戰的時候，他們到底有沒有能力承擔大任，政策作為能不能與世界接軌？他能不能有能力，把兩岸問題穩定下來？但是更重要的，要會公平的使用資源，發揮政府的團隊功能，恢復公務人員的榮譽感和責任感。謝謝！

主持人：

謝謝總統候選人的回覆，那麼接下來我要再讀出第二個獲得最多讚數的問題。他想問您是，想請問宋總統候選人對於同婚、同志婚姻的立場為何？

宋楚瑜：

這個問題基本上給我們很大很大的啟發，臺灣是一個多元化的社會，大家對同一個問題還會有不同的思維。因此，要用更大的同理心、包容心和相互之間的了解。我們了解到上次公投，這個問題

很顯然投票的結果讓大家有一些不同的啟發。我要在這邊特別說，關於兩性平權的問題，逐漸被大家所關心和尊重。嚴格講起來，我們上次把這個問題提出來作公投，而過程當中並沒有把問題仔仔細細完整的討論辯證。因此，我們在討論這個問題的時候，不要做成兩個極端。我這一輩子在美國念書的時候，我很受一位先生的影響，那位政治學的大師叫做 Samuel Huntington，他寫過一本書 *Political Order in Changing Societies*，這裡面特別講到改革比革命還難，有些時候有人嫌你太快，有人嫌你太慢，但你不能夠故步自封，原地踏步。

所以，關於反對「同婚」引起的不便和爭議，我如果執政之後，我認為不需立法就可以去做的事情，我會立刻去推動。例如因為緊急救難的時候，沒有家屬的簽字就不能夠去急救等等這類的問題，應該早點解決。事實上，就可以動用行政的手段，經過一定的程序，趕快去解決問題。第二個，如果我們還不能一步到位，就像 Samuel Huntington 大師所說的，他後來還到臺灣來，見到我，我把我當年在念他寫的那本書時長出的兩根白頭，貼在書上，拿給他看。他看了以後笑著對我說：「我的書那麼難看嗎？」不能一步到位的，我們一步一步的往前走。但是更重要的，對於性別的歧視和建立正確的兩性平權的態度，我們要好好建立多元包容的態度。大家彼此能夠設身處地，彼此包容來看待問題。

總之，我的三點具體作法，第一個，不需要透過立法的，啟用行政手段，趕快去做。第二，我們不能一步到位的，我們應該逐步

的往多元包容方向推進。我們應該有方向感，也要有里程碑，一步一步往我們所期待的一個包容的社會前進。第三個，我們的教育體系裡面，更應該培養正確兩性平權的態度和思維，才是一個社會真正和諧的一個基礎。不要又在我們周邊築起一些小的牆，推倒這些隔離的牆，才是這個社會包容和諧的一個根本的基礎。臺灣就是一個多元化的社會，多元的價值是臺灣民主最好的保障。謝謝。

▲宋楚瑜擔任新聞局長時，曾邀杭廷頓（Samuel Huntington）教授來臺灣訪問。

主持人：

謝謝總統候選人的回覆。接下來，要向您提問的是現場青年朋友所提出的第三個問題，他想請問的是，宋總統候選人曾經提過，希望臺灣能改制為雙首長制或是內閣制，可以請您多說，看看這方

面的具體步驟嗎？這個問題，總統候選人，也請您用 3 分 30 秒的時間來進行回覆。

宋楚瑜：

　　大哉問，而且問得很好！為什麼？因為這是我的主要政見之一。我們看全世界的政治發展有逐漸變成多元化的趨勢，內閣制可能是我們要去推動的一個方向。我是在美國唸的政治學博士學位，我在大學時代就唸過各國政府。依美國的總統制來講，總統都需要每年到國會去做國情咨文的報告，而且他的任用權和許多的權力還受到國會相關的制約。但是我們現在的所謂雙首長制，是有權無責、有責無權，這樣的情況不是我們所期盼的一個民主的常軌。

　　我們也看到全世界目前的動亂，你看看這兩天巴黎又開始在街頭上暴亂。我們看到明明今年可以在智利舉行 APEC 會議，但智利首都街頭上暴亂，APEC 會議不得不停辦。老子說過一句話，「天地不仁，以萬物為芻狗」，我認為「政治人物不仁，以人民為芻狗，讓人民走上街頭去流血」。不同的意見應該在國會的殿堂，大家彼此來討論。所以我具體的說：第一，我當選之後，我一定每年會到國會去做國情報告。對總統所管的四件事情，包括外交、國防，特別是兩岸以及國家安全的事情提出我的看法，然後讓政黨的代表提出問題，做一些溝通。第二，我將來任命行政院長，一定會尊重要能夠得到國會多數支持的人，以示尊重民意。第三，我們會有跨黨派協調機制，來組成聯合政府。我們看到過去這幾位總統，把文官

制度幾乎破壞掉了，我們要重新培養跨黨派人才，健全文官體制，一起共同來處理臺灣重大的相關事情。

我很羨慕英國民主化的轉變過程，先形成慣例，找出可行的一些方法，逐漸的，先試行，最後再法制化。因此，即使不需要馬上修憲，我們可以自我要求，不是權力的傲慢、權力的獨裁，而是應該分享資源、分享權力，讓不同的小黨、各方面的人才都可以參與政府的決策和執行過程方面的協商。我會朝這個角度來做。

主持人：

謝謝總統候選人的回覆。那麼接下來我們要進入今天青年論壇的第四個階段，也就是 Live Fact Check 的提問。我接下來也會先邀請「沃草」的代表，針對您剛剛在整場論壇中所做出的發言，以及所引用的數據等等，來進行事實查核的報告。接下來，您也會有 3 分鐘的時間，針對「沃草」所提出的事實報告來進行回覆。那麼，就首先由請「沃草」來進行 3 分鐘的事實報告查核的說明。

沃草代表：

首先感謝宋主席四年前有參加我們的沃草「總統給問嗎？」活動，今年又願意來參加總統大選青年論壇，希望四年後，您願意來參加我們的總統活動。

首先，宋主席其實剛剛的回應中有講到許多故事，那些故事可能不一定那麼好查證。有提到數據的部分呢，像首先宋主席有提到

說，全臺灣目前有 86% 的人有自住房屋，那我們根據我們查到的主計總處 2018 年家庭收支調查，目前的房屋自有率是 85.5%，其實相當接近了，所以我們認為這算是真的。

再來是，宋主席有提到說，在《憲法》增修條文第 10 條，加上對原住民的保障，是您在擔任國民黨秘書長任內，跟國大代表爭取通過的。根據我們的查核，這第 10 條的增修條文修正案，是在 1992 年 5 月 27 日通過，增加對山胞之地位及政治參與，應予保障，這時間的確是您擔任國民黨秘書長任內。但是，另外一點相當重要的修正是 1994 年 7 月 28 日通過的把「山胞」改為「原住民」，就不在您的任內。所以我們認為，雖然有些在時間上有重疊，有些沒有重疊，所以我們是一個問號，可能還需要補充的地方。

另外，有幾點我們可能會需要追問，剛剛有提到說自經區是否認同這個政策的相關問題。我們的 Fact Check 社團有查到，宋主席在 2016 年的時候有提出相關政見，像是要成立北部自貿區、中部自貿區和南部自貿區等等，所以想請問您今年成立自貿區，是否還是近年的政見呢？

主持人：

謝謝沃草的代表所進行的事實查核報告，接下來就邀請我們的總統候選人，您有 3 分鐘的時間，來針對剛剛的報告來進行一個回覆。

宋楚瑜：

　　謝謝你剛剛查證的結果。確實，我們臺灣擁有自有住宅的鄉親比例確實相當高，世界少有。但是這並不表示對於我們青年的住宅的問題可以忽視，最重要就是就學跟就業跟他現在住的問題還沒有解決，所以我們將來對這個青年人住的問題確實應該好好的去加以去處理。我剛剛也提出了我的一些看法，那就是，將來應該要把公有的很多好的土地，包括我剛剛所說的國有土地，不可以交由財團隨便去炒作。我們過去曾經有一段時間為什麼房價大漲，坦白講，是政府率先在炒房產，把公有的土地隨便賣。我可以跟大家報告一個小例子，也是在講故事，我父親住在軍方配給的一個職務宿舍，整個房子連同土地不到 100 坪，隔壁有塊同樣大小的土地連同日式房屋，當年我媽媽說，乾脆把隔壁那塊地買下來，當年只要 21 萬新臺幣。但是爸爸說，政府規定將官不可以在臺灣置產，要反攻大陸，我媽媽就沒有買了。5、6 年前，政府把這間職務宿舍收回去了，這個不到 100 坪的地竟然被政府拍賣了多少錢？7 億！政府在帶頭炒房產。你認為這個對嗎？我認為不對！

　　第二點，你特別講到關於原住民的問題，確實，「原住民」三個字，當時最先我們在修憲的時候，重點是我們希望「山胞」和「平胞」在《憲法》上能夠得到法律上面平等的參政權保障，「原住民」這個名詞確實是我在跟不同的黨派再協調後得出來的結論，謝謝你的查證。

　　最後，我曾經講過，我們要設立不同的自貿區。但是坦白講，

對岸的經貿發展情況越來越高漲，這就是我曾說，馬總統雖然重視穩定的兩岸的關係，但是對岸的經濟發展開始向上提昇的時候，臺灣的產業沒有同步去調整。我們用什麼樣的誘因可以讓其他的國家願意到臺灣來投資？五缺的問題，我們的土地問題和人才的問題，相關法律問題，假如這五缺問題不能解決，請問我們有什麼樣子的誘因能吸引人家到這邊投資？他們不是聖誕老人跑到臺灣來撒錢。我們必須要增強我們的競爭力。謝謝。

主持人：

謝謝總統候選人的回覆。接下來，在您進入5分鐘的總結之前，我們也可以看到包含剛剛的青年團體以及剛剛的現場提問。我們可以發現，其實，青年的議題不僅僅侷限單就青年所推出的政策，事實上，全國的國家政策，也應該要一個青年的面向跟切角，包含剛剛談到的高等教育的問題，包含政府體制、氣候以及原住民族等等的問題，我想都是青年族群非常關心的議題。接下來您也有5分鐘的時間來進行總結，那麼接下來就由請您來進行總結。

宋楚瑜：

最後，在做總結的時候，我可不可以站起來講話。

各位青年朋友，我今天非常非常的榮幸，也感覺非常驕傲，我們年輕的朋友們，今天對我所提出來的問題，跟全世界領導人目前所面臨的許多問題都是一樣。其實，同樣傷腦筋的，他們也在處理

一樣相關的問題。

　　年輕世代關心的是貧富差距、工作機會。剛剛特別提到了，假如我們不把臺灣向上提昇，我們不把我們的教育體制改革，怎麼能讓每一個年輕的人能夠感受得到，臺灣有把握將來能夠有競爭力跟全世界去競爭，去追求卓越，去賺大錢，而不是只在後面撿小錢，我們要有這樣的抱負。我曾經說，好可惜，臺灣沒有掌握到時機！臺灣有這麼好的三大優勢，就是戰略地位、多元文明的融合，再加上自由民主的制度。前面我談到，要掌握這三個核心，就是價值、策略和管理，關鍵在需要一個堅強的領導。

▲在作結論致詞時，宋楚瑜請求站立講話，在講話中他再次強調臺灣不需要強人，但需要堅強的領導，他並一一列述領導的特質。

好多年輕人問我：「你為什麼出來？」、「到現在還要再出來選？」我想到甘迺迪總統曾經講了一句很有名的話，"Ask not what your country can do for you, ask what you can do for your country."。我也要跟各位年輕的朋友說，"Ask not why I decide to run, ask me what I can do for my country."

我也要跟大家說，臺灣需要的是一個堅強的領導，How to spell leadership ？L-E-A-D-E-R-S-H-I-P，這就是領導的特質。

第一個是 L，L 代表 Loyalty、也代表 Love，他要對國家忠誠、對人民忠誠，要愛他的工作，愛他的國家和人民。

第二個是 E，E 指的是要有經驗，Experience。包括中央和地方政府的歷練，行政的、黨政的，國際的經驗。

第三是 A，他要有 Analytical-Ability，每天有這麼多不同的資訊，有些是真的，有些是假的，不要看到影子就開槍，也不要看到善小而不為，他要有分析的能力。

第四是更重要的 D，那是 Direction，要有方向感。他要把國家帶到哪裡？帶到一個自由、民主、更開放的社會。他要有 Direction。但是他更要有 Devotion，全力投入，任勞任怨。

第五的 E，就是要有 Execution 的能力，要有執行力。但是要有執行力，必須要有 Eloquence，要有說服力。把你的政策很忠實的，讓人民曉得，讓人民信任，你所提出來的正是我們未來最好的方案、最可行的政策；也要有 EQ，不爆衝，不暴怒。

第六，R是代表什麼？Respect，要尊重不同的意見、尊重專業，你必須要尊重少數所關切的基本問題。但是更重要的，Respect 自己的工作，是一個要去整合，讓大家一起共同來打拚做伙，眾志才能成城。

第七是 S，你要有 Sincerity，說話要算話，你不能像另外一位候選人，今天講的明天就不承認。

第八是 H，代表 Hardworking，一步一腳印，愛拚才會贏，我既然參選臺灣省長，我就要走遍臺灣。

第九是 I，要有 Integrity，你不只要管好自己，要管好你的太太，還有管好你的部屬，要有 Integrity。

第十是 P，要有 Pressure-Resistance，你該做的事情要大膽的去做，不要憂讒畏譏，但是更重要的，是要 Priority-Setting，施政要有優先次序，不要本末倒置。

有這十項特質，這才是一個好的 Leadership。

我們有不同的過去，但是我們有共同的未來。我們愛這塊土地，讓我們共同為這塊土地奉獻心力。你們面前的這位先生像愛迪生一樣的，愛迪生試驗了多少次，才發明了電燈泡，終於我們有了電燈。愛迪生試驗多少次？我才試過 4 次。他試過上千次，這個各位又可以去查證查證！我們大家想想看，孫中山先生建立中華民國是靠百折不回的信念和毅力，百折不回，英文如何翻譯，簡單來說，英文就是「Try again」，假如你一次不能成功，Try again ！臺灣，

Try again ！重新找回臺灣人的驕傲和自信，我們一起共同努力。謝謝大家！

▲青年論壇結束後，學生群起要求與宋楚瑜合影，留下這張大合照。

第十五任總統候選人
宋楚瑜先生第一次電視政見發表會

講稿全文

2019年12月18日　中華電視公司

【第一輪發言】

主持人、監察人、兩位候選人、各位海內外的同胞、各位鄉親，
大家好。

我是中華民國第15任總統候選人宋楚瑜。

我先向諸位報告，我為何參選？同時也對中華民國在臺灣面對
的國內外環境和未來發展，我們應該如何去處理，提出我的看法。

宋楚瑜有44年從政資歷，我追隨過蔣經國先生、孫運璿先生、
李登輝先生，也從他們身上習得諸多的治國絕學。我想在我有生之
年，把所學到的經驗，奉獻給我心愛的國家──中華民國。

▲第15任總統3位候選人第一場電視政見發表會合影。

我不僅有經驗，有能力更有執行力，但我沒有包袱，沒有私心，只有包容和一直保持從政的初心，腳踏實地，認真地為人民處理好他們希望政府所要處理的大小事務。

我是一個身體力行來推動民主主義的實踐者。

我曾經全程參與過，臺灣從威權體制轉型成開放式民主，解除戒嚴、開放黨禁、解除報禁、修改《刑法》100條，讓臺灣人不會再因為政治理念不同而被判為政治犯，同時我也全程參與終結萬年國會，推動總統直選這些民主化的過程。

在推動過程當中，連當時國民黨內部都有不同意見，但我很自豪地說，宋楚瑜是重要的民主推手之一，且曾經做出過關鍵貢獻。

今日臺灣面臨的政經環境變化，跟全世界一樣，都面臨六項重大危機。

第一是「劇烈氣候變化」的危機；第二是「人口結構改變」的危機，也就是少子化跟老人化；第三是「國際經濟區域整合重組」危機，須如何避免臺灣被邊緣化；第四是因為數位科技所帶來的「產業結構轉型」，特別是對傳統中小企業產生衝擊的危機；第五是「貧富差距擴大」的危機，讓人民感覺到生活不下去。而最後也是最重要的，那就是我們與全世界共同面臨到「人文價值淪喪」的危機；這些都是政府要處理的重大挑戰危機。

臺灣面臨當前非常之局，要有非常之人，才能處理這些非常之事，用非常的努力，才能竟非常之功。

而這六項危機如何處理，我會在下次政見發表會時再詳細地向

諸位報告，我對處理這些問題的方法。

除了六大危機之外，臺灣2020年其實還可能面臨另一個更重要的坎，也就是臺灣與美、中、日的四角關係變化。作為中華民國的領導人，必須認識四個地方：美國、日本、大陸、臺灣。

美國跟日本明年動態，我們要密切注意，中國大陸跟臺灣能否建立建設性的對話管道，這四個相互關聯的地域，明年都可能有一些微妙的變化，我們必須重視，預為綢繆。

具體來說，我們兩個很重要的盟友——日本跟美國，在2020年都將與中國大陸有微妙的互動關係。明年4月份，中國大陸領導人習近平將到日本進行國是訪問，而日本方面在明年8月份也邀請習近平再度去參觀奧運，因為日本需要習近平帶著大陸觀光客一同前來參觀東京奧運，能為日本帶來觀光人潮。值此之際，美國卻要求日本支付如天文數字般的美軍駐日開銷與考慮增加關稅，一方面疏遠美日關係，卻把日本跟大陸推得越加靠近。

而美國方面，當日本跟大陸關係因為經濟因素趨近，美國和大陸也同樣因為經濟因素彼此正進行利益交換。因為明年11月適逢美國的總統大選，美國川普總統需要爭取美國農業州的選票，因此雙方在最近一次的貿易談判當中，大陸明文的承諾採購超過500億美元的農產品，以利美國與中國大陸的雙邊關係。

面對這些變化我們可以掉以輕心嗎？故此，我們要有一位具有國際觀和豐富國際經驗的國家領導人，妥為因應。

然而臺灣最大問題還不是國際情勢變化的因應，而是藍綠之間

所築起的「對決高牆」。藍綠兩大黨面對問題的對策，就是當一方面講藍軍要團結，另一方面則講，綠軍也要團結。當我們的社會跟國家陷入藍綠對決，撕裂對立，而對臺灣急切需要去解決的重大問題，藍綠兩大黨都不願面對現實，只想相互杯葛，等對方出狀況，看對方鬧笑話，相互消磨，以對方的失敗來造就自己成功的機會，進而獲取下次選舉的勝利。

這就是為什麼今天臺灣，我們這麼多鄉親這麼討厭政黨，因為各位鄉親知道臺灣真正需要一位腳踏實地，以真正的行動，和他內心真實感受，必須要徹底放下藍綠的領導人。宋楚瑜就是那位不計個人毀譽、奮不顧身去為臺灣打拚的人。

因為我深信，我們雖然有不同的過去，但我們卻有共同未來，我們更有共同守護的價值，即是珍惜今天在臺灣奮鬥多年所創造的自由民主價值。

因此，我們要守護這塊土地、守住共同價值，選一位能夠真心誠意、放下藍綠，真正讓我們全民一起共同創造臺灣未來願景，讓全世界看到臺灣自由民主的價值，是不分黨派、不分族群、不分年齡，只有民主價值是我們共同的 DNA。我們絕不放棄自由民主的制度，我們願意為這一個時刻來選一個為大家服務的好總統。

【第二輪發言】

各位親愛的鄉親，

剛剛聽到兩位候選人發表的政見，就像我在參加這次的政見發表之前，我同仁說，我們相信蔡總統會把這三年來的政績向大家來報告，韓市長，我相信他會準備很多資料，來挑戰蔡總統說的許多政績。我不需要再重複地把剛剛韓市長說的，他準備的圖表駁斥蔡總統的說法，再說一遍，我相信回頭由蔡總統自己解說。

今天看到臺灣面臨的環境，跟他們講的一樣，要面對世界變局。但是很顯然，確實臺灣逐漸的被世界主流經濟體，把我們邊緣化。

其實政治管三件事情：管「政策」，管「資源分配」，管「用人」。

民進黨執政以來，蔡總統曾反覆說，她追求社會正義。以蘭嶼來說，不是光靠道歉就可以解決他們心中許許多多的不平。然而，何止是蘭嶼原住民鄉親，看看新北市三鶯地區的原住民鄉親，當下原住民將近有 46％以上，都從山上部落搬到平地來，但在都會地區，他們的工作、居住、小朋友教育、老人照顧等問題，這些都不是用嘴巴去講，而是真正要去幫他們解決這些問題。

過去幾十年來，臺灣有著核能發電所發出的電力，反觀蘭嶼，核廢料放在那，但每到夏天，當蘭嶼迎接觀光客之時，民宿居然停電缺電。政府放著上百億的核廢料處理預備金不用，卻不願花幾百

▲▼2016年8月31日，宋楚瑜再訪臺東縣蘭嶼。

萬元，加幾組發電機就可以解決的問題，都沒有幫他們去解決。所以，若我有機會回到政府，會像在省府工作時，走遍 55 個原住民鄉一樣，我會幫他們好好的把都市住的問題，許許多多原住民民宿的問題，好好幫大家解決。

蔡總統特別提到改革要有魄力，但其實更需要的是「方法」，更重要的是真正了解到「溝通」是改革的必要手段。

蔡政府在過去這幾年推動幾項重要改革，引發不少抗爭，那就是改革胡亂暴衝。為何我說改革暴衝呢？沒有經過行政院跟各部會、立法部門好好研商，反而看到行政跟立法脫勾，年金改革就是一個明顯的例子。明明國民黨清查黨產，婦聯會已經查出 385 億元屬於國產的現金清單，這麼多錢，本可以把這些老兵的退休錢找到財源，這些平均 84 歲老兵退休的錢，你一毛都不需要減少。他們平均年齡已經 84 歲，1949 年從大陸撤退到臺灣，從 59 萬人變成今天只剩下 10 萬 1,123 人，讓他們好好的在臺灣養老送終，畢竟他們曾經為國防安全作出這麼多貢獻，但是為何要苛扣他們微薄安老的錢呢？

我曾經向陳建仁副總統提出這些問題，我也曉得他想要去做些改革。但是，改革要有方法，改革財源明明有，但是不會用。因此不管是「年金改革」、「一例一休」、《公投法》等，每一次改革，只是讓被改的人期待下一次的政黨輪替再改回來，臺灣禁得起這樣不斷地折騰嗎？

因此，我也特別提到蔡總統與韓市長都談到高雄的未來時，兩

位都沒有把問題講清楚。其實高雄港沒落，國民黨、民進黨都要負責。當年高雄港外面有多少船想進高雄還排不進去，我們號稱要做「亞太營運中心」，卻搞了個「戒急用忍」，不跟大陸來往，船還會再來嗎？

蔡總統開出了四道未來大南方計畫，我隨便提其中一件事情，那就是您提到聚落的問題要去處理好，也就是希望讓我們南部將來能夠形成聚落、帶動產業，請問五缺的問題解決了嗎？水在哪裡，電在哪裡？勞工在哪裡？優秀人才在哪裡？我們土地取得容易嗎？五缺問題都還在那裡！但我很痛心地說，這些問題都需要改革，但這些問題非但沒解決，反而是民進黨的派系他們只有一不缺──就是他們荷包錢不缺。

所有重要的這些許許多多的政府職務，民進黨諸侯在分贓，人事酬庸，把重要職務、國營事業經營，都變成派系分贓囊中物。

這兩個政黨為什麼會變成另外兩個黨？一個叫做討厭國民黨，一個叫做討厭民進黨，開了很多支票無法兌現。關鍵就是兩岸問題沒有處理好！

蔡總統在 2016 年，總統選舉政見辯論時，您說兩岸絕不能被選舉拿來操弄，但很顯然，您開始有聽進我的話，那就是把《中華民國憲法》跟《中華民國憲法》增修條文，以及《兩岸關係條例》作為基本架構，但到了選舉，很可惜您還是被派系綁架，拿兩岸問題作為選舉的操作，製造情緒勒索，這些情緒勒索讓大家覺得不安。

我必須說，臺灣人要有自信，臺灣民主價值是什麼？臺灣人才

是這塊土地的真正主人，沒人可以出賣臺灣，也沒有人可以不重視民意，妄作決定。

因此，我們需要一個真正解決問題的領導人，領導人要有決斷力。沒錯，像蔡總統剛剛所說的。但團隊要有紀律，不能在那邊胡搞瞎搞，要有策略、能夠整合民意。最重要是要有真正的經驗，可以整合不同的意見，拿出可行的辦法。

我有這個豐富經驗的履歷表，我曾經操盤過臺灣民主發展的過程，我也領導過省府團隊，謝謝。

【第三輪發言】

我剛剛聽到韓市長講的這段話，我可以說，韓市長您非常認真希望把高雄市好好治好，那就繼續留在高雄，把您未完成的事情好好完成，我當選總統之後，我一定不會像民進黨那樣小裡小氣，我會大力支持您，讓您的夢想成真，讓高雄市民覺得我們終於培養出一個好的未來國家領導人。

相對地，我也同意剛剛蔡總統提到的，那就是選舉的時候，大家不要製造恐慌和亂扣帽子。蔡總統剛剛最後一段話非常重要，國家領導人要對兩岸的問題，有明確的看法與主張。我在這個地方也要向鄉親表達，楚瑜在這邊鄭重的宣示，我只做一任，在我這一任，我將撥亂反正，未來這四年，獨立和統一都不可能，但是宋楚瑜捍衛中華民國主權，堅持維護臺灣民主自由的決心絕不改變，我只做

一任撥亂反正、只做一任撥亂反正、只做一任撥亂反正，因為很重要所以要說三遍。

我們現在臺灣面臨的環境，兩岸問題必須好好的處理好，臺灣的民主必須讓全世界覺得，在這塊土地上，我們臺灣人自己能夠管好自己，我們要證明我們的治理是有效的。

所以我作為中華民國人民選出的總統，一定會樹立範例，那就是宋楚瑜未來的四年，會把五件重要的事情作為優先：

第一，我要把國家的利益放在前面，把政黨的利益放在兩邊。我當選之後會邀請各黨各派的領導人到總統府共商國事，聽取不同政黨聲音，把當前臺灣面對兩岸問題、年改問題、健保問題，我希望聆聽大家不同的聲音。我也會要求未來任命的行政院長要例行性

▲第一次政見發表會後，接受記者聯訪提問，答覆問題。

到各個縣市好好溝通，資源共享、不分黨派、不分族群，而不是選舉的時候鬥嘴。這是我堅持會說到做到的事情。

第二，我會認真地網羅各黨各派的人才組成「大聯合政府」，過去幾任總統把我們文官制度幾乎完全破壞，我們要重新找回公務人員的榮譽。

我簡單講一個事情，我在省政府的時候對一位雲林公共衛生員〔吳淑慧〕公開表揚，她發現了一位學生患了開放性的肺結核，她馬上繼續追蹤他的家人、學校同學有沒有，結果發現從一個案子追蹤發現到 2,000 個，一一追蹤幫他們治療，這是公務員應盡的責任，讓我很感動。

大肚火車站交流道，因為枕木的下陷，出了車禍，我去處理善後，省府團隊不是只有去修這個交流道而已，全省 770 個這些交流道，全部重新好好整修，這才是我們真正公務人員的標竿，我對這些省政府的以前老同仁心存感激。你們認為好的公務員的榮譽感要找回，楚瑜會說到做到。

第三，我會任命立法院能夠同意的人來擔任行政院長，總統照現行《憲法》規定，確實可以自由任命行政院長，但我向大家保證，總統要傾聽民意，要得到民意有基礎的人來當行政院長，我要請立法院同意的人當行政院長，宋楚瑜說到做到。

第四，我會尊重民意、尊重立法院，我當選後每年一定會到立法院做國情報告，直接聽取各政黨提問、聽他們意見，找回臺灣民主的價值，做一個向人民負責的國家領導人。

第五，作為中華民國總統要遵守《憲法》，要遵守《中華民國憲法》和增修條文，以及《兩岸關係條例》的精神來處理好兩岸關係，務實地在三個前提之下，處理兩岸事務，這就是我回應剛剛蔡總統的話：

一、尊重中華民國政府存在的事實，不諱言的，兩岸還存有政治經濟社會的差異，需要時間化解，因此兩岸要對等分治，共同努力，來求同化異。

二、要用和平對等、有尊嚴的協商方式，解決兩岸爭議。

三、確保臺灣有民主法治多元的共同價值的生活方式絕不妥協。

如果兩岸有重要的協商結果，我一定親自到立法院報告，沒有臺灣人民的同意，我絕對不會輕作承諾。我確信臺灣只有一個底線，任何臺灣現狀的改變都要得到臺灣 2,300 萬人民用民主方式共同決定，共同維護亞太地區的安定，是我們中華民國政府對世界所應該盡的責任。

因此目前，大家對於九二共識，或是對岸所謂滲透的話題，我要跟蔡總統特別提醒，《反滲透法》如果 12 月 31 日您要強行通過的話，我到國安局去聽過簡報，他們也了解得到，連宋楚瑜在廣東 23 次的公開演講，我到底有沒有講「一國兩制」他們都無法查證，都不能替我澄清；那 200 多萬的臺商，到底要如何證明他們的清白？一旦政府的施政和法律的執行都形同具文時，這是對政府威信的傷

害。做不到的事情必要審慎。同時，我必須要提醒民進黨跟國民黨，三天之後，也就是 12 月 21 日，韓市長，在高雄市有兩場如同火車對撞的遊行同時舉行，集會遊行是人民權利，但無論中央蔡總統或是地方政府韓市長都要負起責任，維護安全，不要讓有心人透過煽動製造社會混亂。

父母官沒有假期，隨時要心存百姓，我誠懇呼籲民進黨和國民黨，雙方都要自我克制，天佑臺灣。

我進來的時候記者問，你會不會覺得被邊緣化？坦白講，我最擔心臺灣民主被邊緣化。臺灣鄉親如果感受不到政府照顧，感覺被邊緣化，這才是國家領導人的最重要的責任。

因此，維護 12 月 21 日的安全，不要對撞。臺灣過去選舉從來沒有流過血。這是我們光榮傳統，不要這次選舉選不下去！

第十五任總統候選人
宋楚瑜先生第二次電視政見發表會

講稿全文

2019年12月25日　中國電視公司

【第一輪發言】

主持人、監察人、兩位候選人、海內外的同胞、各位鄉親，大家好。

今天是耶誕節，也是中華民國行憲紀念日，首先祝福各位鄉親耶誕節快樂，也祝福中華民國行憲順利。

剛剛聽到這兩位候選人的談話，我就想到上一次在政見發表會的時候，特別提醒臺灣要注意全世界 2020 年將有重大變化。

簡言之，就是中國、日本、美國，這三個世界的超強，在合縱連橫，而世界的這三個大國互動變化將會對臺灣產生什麼影響？我們不能掉以輕心。

聽到剛剛他們兩位的談話，兩個重點，那就是蔡總統特別談到臺灣的經濟，她的政績不錯，但是我特別要提出來，我們必須要從高處來看，這三個重要國家的互動，合縱連橫，對臺灣沒有影響嗎？蔡總統只談到東南亞個別國家的細節，沒有談到大形勢變化對臺灣的衝擊。

沒有穩定的兩岸關係，我們臺灣能突圍嗎？我們看到美國、日本跟大陸之間的微妙變化，我們能夠不採取因應措施嗎？

我在講這個之前，我又想到剛剛韓市長所談到的，那就是民進黨這些許許多多讓人民詬病的事情。

我想，我不必在此重複地把他所說的，民進黨內部的派系，這

些許多讓人民詬病的問題再提出來說。但是看到這兩位候選人的針鋒相對，讓我一開始，必須跟我們鄉親說，總統跟行政院長不同，總統最大的職責就是為國家樹立典範，國家的領導應該為人民帶來更大的人心安定，讓人民對未來充滿希望。

▲第二次政見發表會開始前畫面。

因此，我特別要跟這兩位候選人談談政治的本質。

政治的本質，其實就是人性的關懷。

我有三位朋友，一位是已經過世的李敖先生，一位是臺灣的曼德拉——施明德先生，一位是曾經在黨外時期，對我們民主開放有重大貢獻的張俊宏先生。

我們本來都是站在政治的對立面，但是奇妙的是，我們卻成為彼此相惜的朋友。是的，作為國家領導人，如果迷失了初心，為了

奪取權力，不惜以操縱族群對立，對人民進行情緒勒索為代價，即使得到了，又豈不是最徹底的失去。

政黨輪替本來就是民主社會的常態，做不好本來就應該下臺，政治的領導人贏得選舉，上臺掌握權力，但在掌握權力的過程中，是不是懂得權力的自我節制，就決定下臺時的身影。

我完全不能懂，為什麼藍的做不好就只能換綠的、綠的做垮了再換藍的。

別的不說，韓市長說的那些事情，蔡總統心裡都有數。但是我特別要說，民進黨準備強行通過的《反滲透法》，蔡總統，我特別提醒，您應該也要有權力的自我節制，不能只有選舉的算計。

沒有經過行政部門跟立法院的委員會討論，就公開要求立法院在12月31日要完成《反滲透法》，完全違反了程序正義，這是一不可。

我們在大陸有200多萬的臺商，同時有宗教、學術和旅遊的交流，有這麼多的人，如果查證無法落實，讓他們人人自危，影響政府的威信，這是二不可。

最重要的，國家當然要有安全，但是，我們民主的常規必須要依照新的民意來決定我們重大的立法政策。如果我們的總統無視於憲政分權跟民主正常運作的規範，這跟1969年以前美國的麥卡錫主義沒有兩樣，這是三不可！

麥卡錫主義就是美國的共和黨為了打擊民主黨，逞一時之快，而成為美國民主的汙點。我們過去有一個線上的角色扮演的遊戲，叫做「魔獸世界」，非常好玩。當魔獸世界在臺灣的現實社會中出現，

政治的魔獸完全控制了五院、媒體、網軍，而變成超級的政治魔獸，這種外掛好玩嗎？應該存在嗎？藍綠輪流做莊，執政而不負責任，一旦集五權加上媒體網軍於一身的超級總統出現時，中華民國就會像魔獸世界。當民主變成專權，臺灣沒有了民主，顧的到底是誰的主權？我這樣說，請問蔡總統您能理解嗎？韓市長您能聽得懂嗎？

臺灣的人民啊，我們不必再仰視權力，因為對執政者的殘忍，才是公民社會偉大的象徵。

李敖說得很好，他說，民主是一個圈套，給你們自由選擇領導人的權力，但是只是給你一堆混蛋讓你選，你可以把一個很大的混蛋趕下臺，接著再把一個沒有長大的混蛋選上去，而影響我們公共生活的問題依然一大堆。

李敖先生這句話，實在發人深省。

請國、民兩黨不要忽視沉默多數的力量，也不要迷信權力的力量，否則你們終將被權力所反噬。

蔡總統，作為一個國家的領導人必須具有高度，他的責任是團結人民，不是分化內部，如果為了確保權力，不惜操弄統獨對人民進行情緒勒索，只要是不同意見，的就被貼上「中共同路人」的標籤，把自己的同胞製造成敵人，內鬥之餘，還有時間精力去解決國家真正的問題嗎？而另外一方面，如果只會慷慨激昂地大喊「中華民國萬歲」，然後去嘲笑、指責、或者出征那些不跟著一起喊的人，韓市長，以牙還牙充滿情緒，能解決問題嗎？能讓人民放心地把政府的權力交到您手上嗎？

我曾經多次地強調，政治管三件事：決定政策方向、決定資源分配、決定用人。

政治是高度專業，政治所管的三件事情，說起來很簡單，但是一旦擁有絕對的權力，您知道誘惑有多大嗎？用人不能夠限於政黨，資源分配不能夠受制於派系，沒有強大內心的自我期許就不能堅持方向。

蔡總統，我必須坦誠地講，您確實被這些派系綁架，讓派系去決定政策的分配，這些人嚴重地影響您政策的走向。

我這樣說，請問蔡總統您理解嗎？韓市長您聽得懂嗎？

我們在今天行憲紀念日，珍惜臺灣真正有民主，而讓每一個人不受任何政治人物給我們戴帽子，謝謝大家。

【第二輪發言】

主持人、監察人、兩位候選人，

我非常高興剛剛聽到蔡總統對於《反滲透法》首次做出的回應。她特別提到可以在立法院好好地審議，也就是不能夠用多數暴力、強行通過，而必須尊重民主的機制。蔡總統，您還是現任的總統，我希望您下的命令，您所做的決定，您的政黨應該要去尊重，要去執行。

聽到剛剛韓市長所提的，兩岸要多交流、大陸的市場要尊重，

ECFA 更是一個非常重要的機制，那為什麼那個法案當時沒有通過？剛剛韓市長做一個好比喻，一個政黨也好，個人也好，骨頭要硬。直率地講，我必須要指出來，過去許多國民黨的買辦，軟骨病，只照顧少數自己人而沒有好好地為廣大的臺灣中小企業讓他們能夠安心，這個法案溝通不但不足，而且讓他們心中有很多委屈。

今天我們是在參選總統，總統就是國家的領導人，如果臺灣是一條船的話，總統就是這條船的船長，而這條船的船長是要去把舵，方向要把得對。

非常感謝蔡總統兩次讓我到 APEC 去參加國際性的會議，我非常深切的一個感受，現在要全世界這些重要的經濟體，在大陸和臺灣之間作單一的選擇，對臺灣非常不利，因此，我特別講了一句話，我曾經三度希望做臺灣這條船長，我雖然沒有做成，我並不希望船迷航，更不希望臺灣這條船沉掉。因此，作為船長最重要的是什麼責任呢？那就是要了解風向、要了解形勢，國際的形勢，不管您喜不喜歡，2020 年臺灣必須面對的處境，就是中國、美國、日本這世界的三大經濟體，正在重新做一些合縱連橫。

前幾天我政大的一位學弟問我，如果能夠把臺灣這個船，往東移一、二千公里，跟美中日這三強都保持一段距離，會不會比較安全一點？我覺得這個問題很有意思。也許用軍事的角度來說，臺灣確實安全很多，但是同時在經濟上，臺灣也會少了很多機會。

確實對我們來說，美中日就如同三國演義的那個下棋的賽局，臺灣目前除了我們政府之外，民間企業就像我剛剛說全世界其他國

家一樣，都面臨選邊站的問題。拿已經超過韓國三星、名列亞洲第一大企業的台積電來說，目前是全球通吃的晶片廠，但是中美持續對抗的局勢下，台積電會不會被逼著要去選邊站呢？如果連台積電都被逼得要去選邊站，那臺灣其他企業又該怎麼辦？

我要提醒大家的是，臺灣過去總是覺得，美國跟日本一定會站在同一陣線，別忘了，2020年日本要舉辦東京奧運，當前的國際形勢是美國不但要想從日本撤軍，還想跟日本收高額的軍費，加上日本跟韓國關係越來越緊張，明年2020年，美國還有總統大選，美國和日本會不會因此選邊站呢？

這兩天中日雙方領導人在北京和四川的成都會談不就是一個信號嗎？中華民國會不會因為藍綠政黨的各自偏好，而站錯邊、倒了大楣，還是被邊緣化呢？

所以中長期看來，當前國際形勢對臺灣是挑戰也是機會，臺灣在面對即將來到的科技戰中，是左右逢源的受益者、還是左支右絀的被支配者？剛剛完成的第一輪美中貿易談判協議，可以很清楚地了解，中美不是只有存在對抗，而他們還是有利益共生的機會，尤其是明年美國的大選，川普也需要爭取到大陸農產品市場來提昇他的選情，在這當中，我們臺灣的位置到底在哪裡？

臺灣跟美中日三個經濟體之間有三個特點，臺灣跟美國中國大陸都有長期綿密的經貿往來，臺灣和中日韓都可以形成共同以東亞為核心的世界供應鏈，臺灣的高科技有深厚的實力，具有完整綿密的產業聚落。宋楚瑜有信心，也有經驗，能夠好好穩定兩岸關係，

宋楚瑜可信賴，不暴衝，trust-worthy and stable，我會堅持中有彈性，彈性中有原則，在美中日三強的博弈當中站穩我們中華民國的位置。

接下來我要談談，我這幾天特別強調臺灣所面臨的六大危機。

第一就是劇烈的氣候變化的危機。政府除了要對民眾好好地做一些正確的環保觀念之外，不管是救災、防災、對漁民農民的影響，以及特別是我們國土規劃的上位關係，用防災型都更等等的方式，好好處理我們劇烈氣候變化危機。

人口改變的第二個大危機，那就是少子化、老年化的雙重壓力，導正我們扶老比例的平衡，而政府必須儘速地提出對案，分配資源不是消極的社會福利，而是應該有更積極的人力資源的充分發揮。

第三個與第四個是國際經濟秩序調整的危機，跟產業結構轉型的危機。臺灣在面對世界多邊化的雙邊化經貿環境，不應該只有選邊站的想法，我們必須思考如何去布局，跟世界去接軌，更重要的根本之道在自強。臺灣的產業要轉型，五缺的問題要實實在在地去做，不要把「規劃」變成「鬼話」連篇，不要使我們這些許許多多傳統產業不受到保護，讓失業成為我們社會的問題。

第五是貧窮差距擴大的危機，這不但是今年這些世界諾貝爾經濟得獎人主要的論題，也是未來我們在經濟發展當中，必須要注意的財富分配要均衡〔均富〕，特別是對於弱勢族群、新住民的生存，尤其是讓他們的下一代能夠得到好的照顧。

最後，也是最重要的第六個危機是人文價值的淪喪。最近臺灣內部的暴戾之氣，特別是對我們整體的經濟活動，必須要保有人文

2016年11月秘魯APEC領袖會議，宋楚瑜和女兒宋鎮邁與美國總統歐巴馬（Barack Obama）及澳洲總理騰博爾（Malcolm Turnbull）合影。

2017年11月越南APEC領袖會議，宋楚瑜和美國總統川普（Donald Trump）會談後合影。

▲2016年11月秘魯APEC領袖會議，宋楚瑜和日本安倍首相交流會談。

的關懷，加強倫理教育，特別要重視傳統中華文化的敬老尊賢的核心價值，讓我們每一個人都能享受安和樂利的社會。

我常在思索我們這一代能夠給下一代什麼？簡單八個字，「變中求穩，穩中求勝」、「變中求穩，穩中求勝」。

氣度決定眼界，眼界決定格局。

親民黨現在是個小橘，會幫大家創造中華民國的大局！

【第三輪發言】

主持人、監察人、兩位候選人，

剛剛聽了他們兩位所做的一些表述，他們兩位講得都非常實

在，國民黨貪汙，很多這些案例，蔡總統提出來，民進黨這些貪腐的情況，韓市長也提出來。

▲第15任總統候選人第二場電視政見發表會合影。

臺灣的鄉親啊，您還相信藍綠他們再執政後會不貪腐嗎？坦白講，攏嘛是共款、一樣的，掌握了權力就在分配資源，然後，大家就忘了對人民的責任。

更重要的，他們兩位剛剛都提到了，司法要公正、要獨立，我們做的各種民調都證明人民對於司法的公信力，60％至70％的人都不相信。蔡總統剛剛提到了很多要改革的計畫，選舉的時候有一個很有意思的名詞叫做「難兄難弟」，國民黨和民進黨你們就是難兄難弟，你們這兩位貪腐和司法不公正的難兄難弟為難了臺灣很多無辜的兄弟！

我們對這些司法公正的事情，確實要下定決心，好好地還給人民，相信政府，因為那是我們真正民主最後一道最重要的防線，宋楚瑜會好好重視。

臺灣所面臨的剛剛講的六個大的危機，極端的氣候變化變遷也好，極端的人口結構變遷改變也好，極端的產業變化也好，極端的國際經貿組織重組也好，極端的貧富差距也好，極端的世代對立也好，各位一定會發現，這六大危機都擁有一個共通點，就是「極端」。

楚瑜曾經提到要「撥亂反正」，中華民國到底亂在哪裡，亂的重點，就是大家相互拉扯。

坦白講，民進黨執政指責國民黨，國民黨執政指責民進黨，但讓人民真正最有感觸的卻是世代對立和貧富的懸殊，這個跟臺灣藍綠的對決、對立非常神似，極端總是呼喚另外一個極端，當民進黨變成極端的時候，國民黨往往也跟著後面變得也極端、也激進，藍綠兩黨拚命往極端前進的時候，中間也就是所謂「中道的力量」就被突顯出來，這就是讓大家期待有另外一個好的選擇。

有些人認為宋楚瑜是一個很無趣的人，我一輩子不抽煙、不喝酒，甚至於連咖啡都不喝，我只愛讀書、看連續劇、寫書法，喜歡旅遊、交朋友，我不做省長已經 21 年了，但我一直在思考中華民國大大小小問題的解決方法，我同時無時無刻不想處理好兩岸關係，讓兩岸永保和平，讓臺灣人安心。

政策跟執行的方法始終是我的興趣，這次總統大選勞工團體給

了我們三位候選人每一個人一個稱號，蔡總統的稱號是「只賣芒果乾」，韓市長是「只開芭樂票」，而我是「活在舊時代」，為了這個，我這次特別花 10 秒鐘的時間來提一提，那個宋神掌在做省長的當年最重要的三大勇。

宋楚瑜參選省長 2,097 項政見兌現率 89.7 ％，施政滿意度 90 ％，對省民承諾的 3,988 項建議事情達成率 83 ％，那就是「說到要做到」。

剛剛所提到的他們兩位的許多政見，大家都想，到底他們說到能不能做到？我承認我的確是來自於舊時代，但我卻擁有舊時代的堅持跟認真。

我期盼各位選民在 2020 年，明年 1 月 11 日能夠真正擺脫藍綠，能夠讓你們不再被情緒勒索，您真的不用擔心國民黨跟民進黨、任何哪一個黨他們在選舉之後會消失，他們還是大黨，還是會針鋒相對，您更不會也不用擔心，臺灣不會因為蔡總統沒有連任會消失，中華民國也不會因為韓市長沒選上而被消滅。

20 年來，我們已經三次政黨輪替，臺灣既沒有消失，中華民國也沒有不見，或者您會擔心，把票投給宋楚瑜會不會浪費？放心，絕對不會，因為您這張票可以代表的是您的心可以完全自主，不受藍綠的左右，因為您才是臺灣的主人，您不會被人取笑為「芒果，你個芭樂」！

投給宋楚瑜，您就是一個擁有自由民主 DNA、被人家稱羨的 Top 好公民。

　　我一直努力希望自己能夠具備一個當總統的思維、儀態跟高度，雖然我始終沒有如願，但是福不是禍，老天爺對我很好，就是天道酬勤，他給我一個好身體、好腦筋，還有好記憶力。

　　各位鄉親，臺灣需要的不是發現問題的人、也不是解釋問題的人、更不是開支票的人，臺灣需要的是解決問題的人。

　　每一次到了選舉，蔡政府完全不一樣，套一句我們呂秀蓮副總統講的話，蔡政府到了選舉就變成聖誕老人每天開支票，反正開支票大家已經習慣了，剛好今天也是聖誕節，聖誕老人就在我旁邊。

　　不要忘了，競選支票都是要當選之後才會有，沒當選就四大皆空，就算是大家讓蔡總統當選，但是連任、甚至全面執政都沒有用，因為連任之後就會說財政困難，中央到地方負債累累，您想當初年金改革的時候，當軍公教不是要求政府維持過去的承諾、政府只說請大家共體時艱、國家財政要破產了，但是到了選舉的時候高鐵要南移加碼，農保、離岸風電的問題還沒有搞定，現在又要提出要發展太空產業，難道蔡總統您是想跟韓市長一樣征服宇宙來比一個高下嗎？

　　蔡總統您帶領的執政團隊完全沒有看到目前我們的危機，那就是我們必須要善用我們有限的資源，而不能大灑錢、亂開支票。過去半年來大家都在開支票，但是民進黨有沒有告訴大家這個錢到底是誰要來出？難怪有部電影叫做「返校」，裡頭經典的臺詞說「你是忘記了還是害怕想起來？」

　　蔡總統您喊著要「守護主權」，韓市長您喊「中華民國萬歲」，

光喊口號問題就能解決了嗎？光喊口號就能治國、就能平息臺海的風暴嗎？臺灣的主權喊口號就能守得住嗎？中華民國就能萬歲嗎？To be serious，臺灣的領導人要有策略、要有方法、要有執行力，要說到做到，這樣我們才能守護臺灣的民主，守護中華民國的主權。

坦白地說，宋楚瑜並不在意自己有沒有被邊緣化，我在意的是臺灣的人民跟人心，他們絕對不應該被邊緣化。

20 年來臺灣一直就被藍綠在那邊撕裂，但是這 20 年來，臺灣給了國民黨 8 年的完全執政，也給過民進黨 12 年的機會，但是完全的執政卻變成完全不負責任。所以，我再說一遍，給我 4 年，給大家未來光明的前途，謝謝大家。

▲第二次政見發表會後，記者聯訪答覆問題。

第十五任總統候選人
宋楚瑜先生第三次電視政見發表會

講稿全文

2019年12月27日　臺灣電視公司

【第一輪發言】

主持人、監察人、兩位候選人、海內外的各位父老兄弟姐妹、各位鄉親，大家好。

我是中華民國第15任總統候選人宋楚瑜。

我今天穿這身（博士）服裝，請蔡總統不要緊張，我不是要質疑您的博士學位，而是一般我們國人要曉得——得博士，要有幾個很重要證明。

第一，他要完成所有的這些課程；

第二，他要通過博士最重要的考試，不管是語文也好，或者是他的專業科目筆試。我是政治學博士，我要通過政治學理論，美國政府、比較政府，以及國際關係的資格筆試，我都有證明。

◀宋楚瑜取得美國喬治城大學博士學位（1974年）證書。

第三，我必須要寫我的博士論文，而這個博士論文必須要經過四位教授的口試。我不但有證明，而且還得到口試優異通過的評比，也有證明。

第四，我的博士論文不僅在喬治城大學裡可以找得到，而且這個論文可以在美國典藏所有博士論文的機關裡面找得到，我也有證明。我還取得它的版權，任何人不能隨意地剽竊我的學術著作。

我之所以說這件事情，就是我們所有的鄉親都很清楚，那就是不管學哪一樣學科，您基本上就是必須了解做學問的道理，做學問的道理就是必須要有證據來證明您所主張的事。

蔡總統，我今天向您正式自首，因為今天立法院在做《反滲透法》的討論，我曾經兩度，2016 年、2017 年，由您正式指派我到 APEC 去開會，而且去開會時，我跟對岸的領導人習近平先生有交流，而且交流完之後，我也把交流回來的這些相關的情況向您匯報。

但是，《反滲透法》第 5 條很明白地訂定，那就是如果對於滲透的源頭進行接觸，而且還回來之後去遊說。蔡總統，那就是我不但去接觸，我回來還把相關情報向您做了報告，那請問，如果我今天自首，我算不算是《反滲透法》將來要處置的對象？不過蔡總統，您可能也會被連累到，因為您是教唆犯。

如果我們對於《反滲透法》的訂定是如此地不嚴謹的話，將使多少百萬的鄉親，不管是在大陸上經商的，不管是在留學的，不管是宗教團體的，所有的這一些來往，包括這些許許多多的旅遊業鄉親，將來都變成《反滲透法》入罪的嫌疑犯。

▲2016年APEC，宋楚瑜與習近平主席會談交流，習指著宋的領帶說：「我記得上次2014年在北京的人民大會堂見面時，您也戴著同一條領帶。」

▶2016年APEC，宋楚瑜及女兒宋鎮邁與習近平主席及夫人彭麗媛交流會談。

對於國家的領導人，最重要，他對於國家安全必須要有責任，但是對於人民的基本人權也要維護，這才是一個國家領導人真正的大格局。

坦白講，上次政見會我向蔡總統反映之後，立法院很顯然您的黨團根本不甩您。如果在這樣的情況之下，我認為這件事情牽涉到我們未來臺灣內部的安定。

我必須把我的立場講的非常清楚，國家安全是我們每一個人的責任，臺灣人絕不放棄自由民主的制度。任何人要來顛覆和破壞臺灣的自由民主，臺灣人絕不同意。

因此，在這兩個的權衡當中，我們必須要好好地慎重處理。我為什麼一開始要講這個話？那就是今天我們在參選中華民國的總統，舉行政見發表會再過 10 幾天，我們臺灣人民就要用我們的選票來選出我們未來的總統，而這位總統將來對於我們國家安全，對於我們整體未來國家的發展，他必須要有高度，能夠擺下政黨的個人利益，尤其是不能夠因政黨的利益破壞我們內部的團結、破壞我們社會的安定，這個才是我們真正選一個中華民國總統，自由民主價值最重要的那個安全保障。幾十年來，臺灣在這個發展過程當中用不流血的革命，然後才能夠爭取到今天我們的言論自由、人身保護。民進黨的先進跟我一起共同地奮鬥，爭取的是什麼？就是人要受到政府的照顧，政府不能夠把所有跟他意見不一樣的人當作是敵人。

所以，我保證，宋楚瑜當選之後，由於有過去的歷練，我絕對不會把自己做成一個大總統，一定會小小心心，那就是權力的自我

節制。而更要了解的是，政治是一個協調與協商藝術。自由民主的道路，是臺灣人絕對要走下去的道路。

但是，我們在這個地方，要堅持的，是讓每一個人的創意、每一個人的才能可以發揮，達到一個自由社會最高的價值。

因此，我在這個地方特別向各位鄉親表達，宋楚瑜當選後會認真地跟各黨各派攜手合作，不會因為政見不同而有任何差異。

我過去擔任臺灣省省府工作的時候，跟民進黨籍所有的縣市長能夠共同地放下過去不同的政治成見，共同的合作為我們未來創造更好的前途。因此，我今天特別要強調的是，《反滲透法》的訂定也好，任何國家的安全顧慮考量也好，絕不能夠犧牲人民自由民主的權利，謝謝你們。

【第二輪發言】

主持人、監察人、兩位候選人、各位鄉親，

這一次總統選舉，中央選舉委員會安排了三次政見發表會。我在第一場政見發表會的時候特別強調，政治是臺灣民主價值的體現，第二場，我特別強調，政治是人性的關懷。

這一場，楚瑜要說的，政治是政治人物的良心志業，也就是，人民的小事就是政府的大事 (不論大、小事都要做)，政府不可以不當一回事。

我剛剛一開始的時候我就特別說明，我沒有任何意思，去質疑蔡總統的學位問題，而是我要講兩個小故事。

第一個故事，是我的室友，也就是我的女兒，她最近搭乘一輛計程車，因為塞車，所以這位司機大哥就跟她一路聊了起來。司機大哥在向她抱怨，說這一次他投票一定要下架蔡總統，因為兩岸搞不好，沒有觀光客，他計程車賺不到錢，生活受到很大的影響。

第二個故事，是我有一位在警界服務的老同事，他寫了一篇很有意思的文章，沒有發表，輾轉地透過另外一位同事告訴我，我把他寫的東西，唸給大家聽。

他說，「投給蔡英文不甘心，主要原因包括，施政不得民心、貪汙腐敗、大砍年金、視公教人員的退休人員如仇敵、一例一休全民受害，造成勞方、資方、人民及政府四輸，臺灣民生凋敝、哀鴻遍野，人民無法再忍受蔡總統的繼續執政。」

蔡總統，許多的人說民調不一定可靠，但是我還是想請您參考有一個數據，這個數據顯示，民調有 2 成的民眾會擔心您連任。

這些人民的憂慮就像上面兩個例子一樣，您難道看不到嗎？聽不到嗎？那就是兩岸的問題處理不好，基層民眾的生活沒有照顧好，這讓人民真是很害怕，這樣的政府還要繼續連任的話，他們受不了。

不過韓市長，您也別高興，這個民調裡面說 4 成的人，也怕您會當選。

我要特別提醒的是，臺灣原來有很好的文官體系，他們是國家

安定的基礎。而文官體系的中立穩定，是因為我們的公務人員有專業，他們更要有尊嚴，不該被政黨輪替、人事更迭的這些政務官所操弄。

然而在過去四年當中，有兩件事情讓這些的文官體系出現了動搖：第一，就是人事酬庸的浮濫，第二，是年金改革的失當。

我想年金改革的失當，蔡總統，固然絕不是您個人、一個人的責任。馬前總統，您當時在發動年金改革的時候，不是也沒有方法、也沒有魄力，才讓現在民進黨那些立委有了藉口大砍特砍、痛下殺手。

宋楚瑜認為，中華民國的公務人員是最認分的一群菁英、為人民服務的一群骨幹，我相信今天國家如果財政真的出現了問題，這些公務人員一定會共體時艱。

但是蔡政府這幾年來的花費，左一個幾千億、右一個幾千億，但是為什麼要對於這些退休軍公教人員的養老金如此地刁難？真是讓我們非常不捨。

再者，改革就是要把那些貪腐的錢、不正當取得的錢給拿回來，但是我們這些退休軍公教人員全部都是按照國家的制度來領退休金，沒有一塊錢是貪腐而來的，請問這樣的改革合理嗎？

我當選之後，我一定重新檢討我們年金改革的制度。兩個重點，財源如何來？第一，那就是重新清查國產，把那些國產變黨產、黨產變私產的這些錢討回來，作為年金改革的財源。第二，就是把這幾年民進黨執政之後貪汙的錢討回來，也作為財源。

　　除了財源之外，還有一個非常重要的，就是我們應該重新思考的這些年改制度，那就是無論是年金制度如何改，都應該給予退休公教人員重新選擇的機會，而不是硬生生地要他們吞下來，願意維持原制的人維持原制、要改變為新制的人採用新制。

　　蔡總統，我特別要提出來，為什麼人民感受不出來您的努力？為什麼許許多多偏遠地區的鄉親都感受到照顧不夠，特別是離島的鄉親？

▲第三次電視政見發表會3位候選人合影。

　　我反覆地說，歷史上我們看到，澎湖守得住，臺灣才能守得住；金馬守得住，臺灣才能守得住。政治是良心事業，金馬的鄉親為臺灣挨了多少的砲彈？但是我們去看看，現在離島的交通問題，到今天遠東航空公司出了問題之後，決定停飛，到底這些離島的交通誰在管？醫療的資源也長期不足，我必須強調，小三通的基礎建設完全不能夠由地方政府自行來料理。

　　我最近到澎湖去看，垃圾堆積如山，他們只想要中央補助十億來做一個焚化爐。我們可以動不動花上千億的錢，難道拿不出十億去幫澎湖這個好地方，能夠維護成大家去參觀、去旅遊的好地方嗎？同樣地，我們對於弱勢族群的照顧，對於這些身障人士退休的年齡，我將來會下降到55歲。對於推動無障礙的空間、師資、安養的問題，我也沒有忘記。特別是對於高齡社會、甚至於超高齡社會的這一些社福問題，以及其他如長照制度的建立，我也會多花心思。

　　尤其是對於農漁民的照顧，我會把當年在省政府那些細心照顧的作法，重新恢復。當我看到電視上，我們農民種的那些香蕉賣不出去，他們用刀子割下來去餵豬，以期能得到政府的補助，看到這個場面，您不會難過嗎？您想想看，這些農民要不要我們政府幫他們去開拓外銷的途徑？大陸應該是這些農民最大的出口市場，你們又去搞一個《反滲透法》，不是把他們的財路全部都斷掉嗎？

　　各位鄉親啊，中華民國的主權在民啊！要讓每一個人都要受到公平的照顧，那就是，人民的小事就是政府的大事，讓政府能成為

人民的依靠，這是我的承諾。政治就是良心事業！人民的小事，政府不能不當一回事！謝謝。

【第三輪發言】

主持人、監察人、兩位候選人，

這是最後的一場電視政見發表會，楚瑜說過，我已經準備了 44 年。我的原則，就是對於選舉，我不搞蛋。不搞蛋的意思是，我不是要拉下哪一位，而是我真心希望有機會為我所愛的國家，奉獻我的心力和我的經驗。

我對於政策也不扯蛋，我一定務實地把我認為應該要去處理的事情好好去處理好。

這些年來我秉持著唯一的一個原則，就是我沒有忘記我的初心，那就是，我一直相信臺灣人最喜歡的那一個基本的價值，愛拚才會贏，一步一腳印（臺語與客語各講一次），來認真打拚。

選舉的時候，大家都會開支票，但是真正人民要的是什麼，是要兌現！

謝謝剛剛蔡總統對我說，也許我對某些事情不一定了解。坦白講，我這幾年來很少主動開記者會，但是為了年改，我自己親自到立法院跟我們親民黨立法院黨團委員開了記者會。對於這些老兵，他們的退休，民進黨的年改去苛扣他們的退休金，怎麼忍心呀？！

我甚至於幫蔡政府去找到財源，但是，蔡總統，除了陳建仁副總統還願意聽聽我的話，林萬億先生從來沒有來跟我溝通。

▲2018年3月12日，宋楚瑜親自在立法院與親民黨團共同召開記者會提出軍改之具體意見。

我在這邊特別要強調的是執行力，也就是說，我們所要做的事情，必須說到要做到，人民可以看到，人民能夠享受得到。這就是我曾經前幾天特別提出來，我在參選省長的時候，我提出來的上千條以上的政見實現率達到89%。省民要求我做的事情，我都列管，3千多件，我達成率是83%。

我今天再一次地說，那就是，我重申宋楚瑜當選之後，只做一任，撥亂反正。

什麼叫作「撥亂反正」？那就是撥三亂、反三正，絕對說到做到。

哪三亂？就是製造對立的亂，包括朝野對立、世代對立、兩岸對立、族群對立、勞資對立、師生對立，現在連監察院跟司法院都起了對立，這，還不亂嗎？

第二，是派系酬庸的亂。這個部分我已經說過了，民進黨重用派系，我不願意再去多說這些酬庸人事的部分，韓市長剛剛已經拿出了這些照片。

我也要說，民進黨執政，心胸不夠開闊，不肯聽聽宋楚瑜願意提供的意見。各位想想看，到今天為止，我們的桃園機場連跑道都還有問題，馬英九先生，您的所謂交通幫執政 8 年，到現在您看看桃園機場的大樓還在漏水，我們的第三條跑道到今天都還沒有做。

但是我講這些話，不是隨便發牢騷，10 年來，馬政府他的這些許許多多的官員就怕跟宋楚瑜接觸，以免他們那位老闆會把他換掉，同樣是小氣和沒有度量。

臺灣今天所面臨的第三個亂，就是改革暴衝的亂。許多政策都沒有經過行政院各部會跟立法院好好地研商，不管是我們所看到的「年金改革」、「一例一休」、《公投法》的修正，和最近我們看到的《反滲透法》，都一樣。

我要返回的三正，是哪三正？

第一，穩定兩岸，恢復交流。對岸必須正視中華民國政府存在的事實，遵照《中華民國憲法》及增修條文跟《兩岸關係條例》的法理規範，對等分治、兩岸對話、和平發展。在大陸還沒有完全實踐自由民主法治之前，臺灣絕對主張維持現狀。

楚瑜絕對會全力推動兩岸要恢復貿易交流，特別是那些觀光旅遊業者和演藝人員，他們明明是兩岸和平交流的擁護者，現在卻成為兩岸交惡的犧牲品。

對岸的領導人和決策當局，為什麼這一次臺灣人對於兩岸的問題起了這麼大的波浪？坦白講，你們要接地氣，了解臺灣人真正心裡面在想什麼！

第二，重建文官專業尊嚴。我再度強調一次，國家安定的基礎在文官制度的中立、穩定。文官體制，公務人員的專業和尊嚴，不應該被政黨輪替、人事更迭的這些政務官所操弄。

第三，是力拚經濟，照顧民生。在經濟方面，我強調三點：

1. 只要不違法，就要想辦法。管理好政府，提供基礎建設，在法律的規範之下，去降低業者的生產成本，使產業更具世界的競爭力。這不是圖利財團，而是有為的政府應該有的作為。只要產業能賺錢，政府提出員工紅利分配的規範，才能讓員工薪水往上調，而年輕的人才，才能擺脫低薪的困境。

2. 外國的人才要引進，本國的人才要培養，技職教育和就業市場要接軌。

3. 不合理的法令要鬆綁。「一例一休」要改為「異業異法」，外勞跟本勞要脫鉤，產業界五缺的問題要處理。

在照顧民生方面，臺灣生活的每一個人都有生存發展的權利，而每一個人都應該要被政府照顧到。特別我剛剛提到離島的、偏鄉的弱勢族群，超過 65 萬以上的新住民跟他們的子女，也是我們必

須要照顧、關懷的對象。

我特別是對於新住民子女的教育和為他們設立的發展基金，我一定要求行政院要好好地編滿。

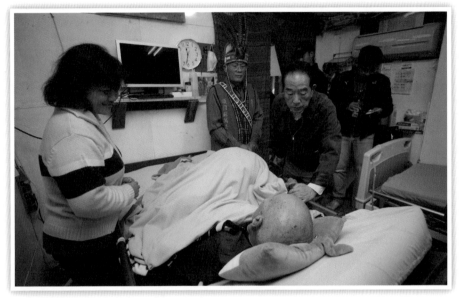

▲2019年12月4日，宋楚瑜訪問新北市鶯歌區原住民南靖部落。

對於我們原住民的照顧，如果蔡總統您去看一看，新北市鶯歌大漢溪邊的南靖部落，那些地方竟然都沒有自來水，以全世界的標準來看，這樣的貧民窟，竟然在大臺北可以看得到。除了他們的住宅要改善，更要去替他們解決工作的機會和醫療環境的照顧。

就像這次的選舉，原住民還要回到原鄉去投票，宋楚瑜要推動解決原住民不在籍投票的問題，加幾個投票的箱子就可以省掉他們很多的，這些來回跑的旅費啊，這對他們來說就是一些負擔啊！

最後，我要感謝過去對楚瑜照顧的這許許多多的鄉親，宋楚瑜

有這個決心，也有這個能力。最重要的，那就是我會強調要有一個堅強的團隊，臺灣不需要強人，但是卻需要一個堅強的領導，把兩岸問題處理好，把經濟處理好，把年輕人的未來照顧好。謝謝大家。

▲第三次政見發表會後，答覆記者提問。

第十五任總統候選人
宋楚瑜先生電視辯論會

講稿全文

2019年12月29日　公共電視臺

【第一階段申論】

主持人、兩位候選人、在場的貴賓、全國鄉親，大家好。

我是中華民國第 15 任總統候選人宋楚瑜，要做為中華民國總統之前，我必須向全國人民宣誓，「余必遵守《憲法》，盡忠職務，增進人民福利，保衛國家」。「氣度決定眼界、眼界決定格局！」臺灣是亞太地區的中心，總統就是臺灣這艘船的船長，要把舵把好！總統的職務重點就是國防、外交、兩岸和國家安全。

總統第一個要務就是保衛國家，增進人民福利，那就必須要衡酌國內外整體情勢，謹慎處理美、日、中國大陸這世界三強的合縱連橫！我們不要站錯邊，也不要亂選邊！我們不要當別人的棋子！同時還要有能力治理好臺灣，讓全世界承認臺灣人能管好臺灣，增進人民福祉，把人民照顧好。

國家領導人要把臺灣治理好，有三件大事要做，第一是維護臺灣自由民主價值，讓臺灣人民相信自由民主的可貴，找回人民對政府的信任，找回臺灣人民對民主政治的信心。臺灣是所有臺灣人的臺灣，不是哪一個幫派、哪一個特權、哪一些派系、或哪一個世家、少數人霸占的臺灣。第二是把臺灣的產業提升，把經濟搞好，讓人民生活改善。第三是面對世界的六大危機，切實地提出因應對策方案。

諾貝爾和平獎得主金恩博士說過：「如果我做不了大事，至少

能把小事做得大氣一點！（If I can't do great things, I can at least do things a little atmospheric.）」首先，蔡政府執政的問題，第一，在2016年的辯論中，我曾經當面提醒您要小心「民進黨不要國民黨化！」可是您還是讓派系決定了國家重大政策。第二，2016年您針對人民對馬政府的施政不滿，向人民承諾，執政黨不要自我感覺良好，但是升斗小民都沒有感覺到您執政的果實。第三，2016年您還說，民進黨執政絕對不會整碗捧去，結果呢？第四，最重要的是，您2016年曾說，「要終結政治上的惡鬥，國家領導人應該負起最大的責任。總統的責任在於團結這個國家，而不是像現在這樣，操弄對立來捍衛政權。」好像我今天的稿子，是您四年前幫我寫的。難道臺灣人民只能被藍綠綁架，社會只能更加對立？在您即將卸任前，又急忙推出《反滲透法》，如果「不把權力關進籠子，權力就把你關進牢籠。」程序正義比實質正義更為重要，因為程序正義不僅僅只是過程，而是價值。

國民黨的不長進，簡直到了匪夷所思的境界！韓市長，您說您是橫空出世的「百年奇才」，國民黨的奇才還真不少，能夠在一年當中，從全面大勝，到現在內鬥到連外行人都看不下去。您可知道在兩岸交流中，壟斷利益的國民黨買辦產業鏈有多可惡嗎？被民進黨查到的國民黨黨產只是冰山一角！但真正讓人生氣的是更多的黨產變成了私產！我離開國民黨的時候，國民黨有幾千億財產，怎麼現在連薪水都發不出來？錢到哪裡去了？

▲宋楚瑜認真準備電視辯論會的資料。

　　宋楚瑜始終相信，只要產品好，「小也能成大事」！臺灣雖然小，We are small, but We are Great. 臺灣可以創造亞洲奇蹟、經濟奇蹟、民主奇蹟、靠甚麼？靠我們可以真正結合智慧，一起討論。

　　爛兄爛弟，只問藍綠，不論能力，難道臺灣真的要回天乏力嗎？不要覺得宋楚瑜不會當選，鄉親呀！您才是頭家，可以決定有能力的人來治理國家，讓大家看看臺灣人可以把臺灣管好，發揮臺灣人的精神，奮鬥到底。

【第二階段 媒體提問】

◆ 媒體提問一　中國時報副總編輯　白德華

問：

國防部 2020 年編列 3,600 億的預算，2017 到 2020 三年，對外重大採購也達到 6,600 億。請問三位候選人，現在大筆資金投入國艦國造、國機國造，這個部分歐洲能夠有電戰跟動力系統，又拒絕給我們技術轉移。請問，如果我們自己能力不夠，技術轉移又不

▲1993年11月布希（George Bush）總統訪臺，與宋楚瑜合影。布希夫婦並親筆寫了卡片向宋楚瑜省長致意（參見附錄p.248）。

行，這個部分會不會以後變成一個大錢坑？另外，我想請問三位候選人，您覺得我們主要的假想敵是誰？次要假想敵是誰？如果日本占領釣魚臺，菲律賓驅趕我們的漁民，那他算不算假想敵？如果您認為中國是最大的假想敵，請問，中國現在的國防實力跟美俄同齊，……。另外，他每年軍事預算大約超過我們數倍。未來面臨到這個部分，臺灣的勝算在哪裡？面對對岸的國際實力崛起，國際現實對我們不利，這個部分的話，您認為臺灣如何才能建立一個務實有效的國防安全政策？

宋楚瑜答：

　　我們的國防應該從幾個不同的層面來處理，第一，我們必須要有自製和自己發展的基本國防工業來製造這些武器和維持戰力。第二，我們也需要外購。我跟韓市長同樣是軍人子弟出身，國家的領導人最重要的是要有戰略的思維，我們要避戰而不是挑戰，但是我們絕不畏戰。我就是被兩位總統（蔣經國和李登輝）派到美國去採購F-16的，而且很成功的買到了。但是我們今天非常嚴重的軍購問題是我們想買的，人家不賣給我們，人家卻把不要的東西，賣給我們，而價錢又非常貴而不合理。因此，在這樣的情況之下，我們對於武器對外採購和自有的國防武器生產能力，要兼籌並顧，尤其特別要了解我們真正需要什麼，我們就全力去發展。

　　第二個，您剛剛所說的假想敵，我們真正的假想敵不一定在外面，而是在我們內部自己的分化。因此，我們不要去相信美國是我們

最好的朋友，我就是美國跟我們在最後一天要斷交的時候，把蔣經國總統叫醒，而當時我們跟美國還有《中美協防條約》，但是不到24小時美國就跟我們斷交。因此我們真正要相信的是，人民對於自由民主價值要有信心。馬英九總統對於我們國軍最大的傷害就是，沒有任何配套就把軍法廢掉了，一個部隊沒有紀律打什麼仗？我們的部隊如果沒有維護自己民主自由價值的信心，怎麼有戰鬥意志！做總統要在各方面，精神層面，物質層面、和戰備層面應該都要考量。

◀1978年12月16日美國宣布與中華民國斷交，12月27日卡特（James E. Carter）總統，特派副國務卿克里斯多福（Warren Christopher）率團到臺北與蔣經國總統會商善後，宋楚瑜居中傳譯。

▶1992年李登輝總統派宋楚瑜持其親簽信函，期盼美國老布希總統同意售予臺灣F-16高性能戰機，宋楚瑜親到華盛頓會見副總統奎爾（Dan Quayle），圓滿達成任務。

◆ 媒體提問二　蘋果日報副總編輯 蔡日雲

問：

　　總統是國家的領航者，能否帶領國家走出新局，跟他的施政人格密不可分。我要就相關問題就教於 3 位。

　　蔡總統，您自詡是最會溝通的總統，您在執政之初也期許您的團隊必須要謙卑。但是過去 3 年多來，我以《勞基法》修法為例，勞資雙方都不滿意、怨聲載道，認為溝通不足。執政團隊大量進用了派系人馬，也遭外界批評黨同伐異，不夠謙卑。請問未來如果您連任，您是否會再修改《勞基法》，您又會以如何具體的作為挽回人民對您執政的信心？

　　韓市長，您就任 8 個月就違背了對高雄市、就請假帶職參選，違背了對高雄市民的承諾，您個人與新莊王小姐的金錢往來，參與的友人也說您的家人事前並不知情。請問您要如何說服選民，您當選之後不會欺瞞選民，也不會違背對台灣人民的承諾？

　　宋主席，這是您第 5 次參加總統大選，通常你都是選擇在選前幾個月，公布您的意向與動態，不僅時機倉促，甚至還常常面臨棄保的危機，請問參選總統對您來說是永不放棄的政治目標，還是您延續政黨生命的手段之一而已？謝謝。

宋楚瑜答：

　　您剛剛所提到的三個問題，我擔任總統之後，我都會好好去處理。第一件事情，對於我們《勞基法》跟「一例一休」，不僅事前

沒有好好溝通，而且這些案子都是單獨由立法委員提出，沒有跨部會討論，我主張關於「一例一休」將來應該是「異業異法」，我們重新要去檢討。

至於第二個問題，您提到了韓市長，我必須要說，做人要規規矩矩，對所做的承諾不能輕言放棄。我做省長跟過去從政以來，我所做的承諾，都說到做到。

第三，此次我參選的時機確實比較晚，嚴格講起來，我必須要對我參選的整體形勢背景做一個說明供您了解。我看到國民黨和民進黨所提出的候選人，讓人民不放心。您可以看到有一個民調非常有意思，20％的人很怕蔡總統繼續連任，而 40％又非常怕韓市長會當選。而對於宋楚瑜的好感跟相信度，卻是最高的。在這種情況之下，當仁不讓。我有豐富的從政經驗，44 年來對於國際、兩岸、對於我們內部跨黨派不同意見的人我都能溝通協調，而我在臺灣省政府執政的時候，跟不同政黨的縣市長，都非常能夠合作。我講過一句話，「我們可以有不同的過去，但是我們卻有共同的未來」，我們都了解我們共同的價值是守護臺灣民主。謝謝您提醒我，下次要選或是做任何事，要早點讓大家知道。

◆ 媒體提問三　聯合報總編輯　范凌嘉

問：

蔡總統在就職的時候強調過，我們有堅定信念去捍衛自由民主的生活方式，但是執政之後，卻看到自由民主逐漸流失，蔡總統曾

經喊過臺灣人有權利要求公投，執政後卻對公投結果視而不見，甚至動員多數修改，剝奪臺灣公民公投的時機，陳前總統他打破保外就醫的四不規定，但政府卻不開庭、不回審、不特赦，導致社會撕裂。監委陳師孟約談法官，總統推說是監察司法長期存在的問題，但這明明就是有監委，因為自身意識型態侵犯司法審判的核心，權力完全失衡，才引發 1,689 位法官的抗議。請問蔡總統，您沒收公投，符合您主張的還權於民嗎？阿扁破壞法治，身為法律人您不生氣嗎？……同樣三題也請問其他兩位候選人。

宋楚瑜答：

謝謝范先生，我非常欣賞韓市長最後講那句話，國民黨做得爛，應該下臺，現在大家討厭民進黨，民進黨也該下臺。應該要怎麼樣重新撥亂反正？剛剛范先生提到了，公投的門檻不能隨便下降，尤其是公投的題目不要隨便亂提，而影響國家安全和安定。親民黨的黨團在立法院發揮重要的作用。我也謝謝蔡總統能夠要求民進黨黨團不要輕率地提出改變。第二個，所有這些許許多多的這些所謂門檻的問題也好，或者實質的問題也好，明明上一次的公投，對很多重要的問題做了一些重要的決定，但是很顯然的，民進黨沒有按照人民的意思重新調整。比如說，對於核能發電的問題，對於同婚問題的處理方式等等。

對於韓市長，我也順便談一下，我對於您剛剛跟《蘋果日報》爭論的看法。未來的國家領導人要了解，對於新聞界的尊重，川普

是一個壞的例子，不要去學他。今天我們又看到一個壞的例子，新聞報導要尊重事實的真相，當事人要主動拿出證據來溝通，我將來會依據這一個基本原則來處理事情。

◆ 媒體提問四　中央社總編輯 陳正杰

問：

　　三位候選人好，我要問的是兩岸外交的問題。中共透過修憲實現強人領導之後，立場更為強硬跟極端，對內箝制言論自由，對外進一步地打壓臺灣的國際活動空間，搶走了中華民國的邦交國，升高對臺灣的軍事恫嚇，以及對臺灣的分化、統戰及滲透，提出了一國兩制臺灣方案，並且在國際上一帶一路，南海的軍事化、新疆的再教育營，以及香港反送中運動等等的因素，使得世界各民主國家對中共的疑慮更為加深。我想請問三位候選人，對於這樣的兩岸局勢的看法？特別是韓市長和宋主席，你們如何說服選民，相信如果你們成為臺灣的總統，能夠在這樣的情況下，面對這樣一個政權，跟對岸建立一個良好的關係，而不必在主權尊嚴，自由民主做出讓步？

宋楚瑜答：

　　謝謝陳總編輯所提的問題，我個人對於兩岸問題的基本立場，就是要穩定兩岸和平，確保臺灣自由民主的價值與制度。關於兩岸問題，我跟其他國家的領導人，特別是美國跟日本，也有交換過意

見。我跟對岸也談過這些問題，對岸必須正視中華民國政府存在的事實，我們主張對等分治、兩岸對話、和平發展，在中國大陸還沒有完全實施民主法治之前，臺灣絕對主張維持現狀。但是有一個底線，任何臺灣現狀的改變，必須要得到臺灣 2,300 萬人，以民主的方式共同決定。

中華民國必須尊重《中華民國憲法》和《憲法》增修條文，以及《兩岸關係條例》，用和平、對等有尊嚴的協商方式，來解決兩岸的爭議，而絕對不會放棄臺灣未來在國際發展的權利。我們主張要有四個相關的安全保證，第一，臺灣要有軍隊，維護我們心理和的實質的安全。第二，臺灣在國際的組織，要有權利來參加。第三，我們兩岸經濟的彼此互動，應該確保臺商的權益，給他們公平發展的機會。最後，臺灣民主自由的生活方式要確保。因此，兩個基本的重點，民進黨已經斷掉跟對岸的溝通管道，我會全力去恢復。希望兩岸要有更多的交流。也希望對岸應該設身處地了解我們臺灣，要接臺灣地氣。

◆ 媒體提問五　自由時報總編輯　鄒景雯

問：

首先我想要請教宋先生，從 2,000 年開始，每隔 4 年，我們就會在這個場合見面。臺灣整體這 20 年來一路走來的得失成敗是什麼？最重要的是，您認為，臺灣未來該致力發展的方向是什麼？

宋楚瑜答：

謝謝我的老朋友，您剛剛跟我說到，我這 20 年來看了臺灣的發展，是熱鬧有餘，扎根不足。嚴格講起來，我們的民主確實應該要有多采多姿；民進黨，人民給了他機會，國民黨，人民也給了機會，但是他們忘了，臺灣不需要強人，臺灣需要一個堅強的領導。而領導的團隊要有紀律，更重要的，要有方法要有策略，能夠把人民所作的期待和事情能夠兌現。馬總統領導的八年，為什麼人民最後只給他 9% 的評價？我們看到蔡總統，他的團隊一樣沒有紀律，為什麼高雄會輸的那麼慘？那就是臺灣人民有耐心，但是最後會做最好的判斷，臺灣人民了解得到他們自己才是我們國家未來的頭家。

對於過去這些年來，人民曾經給過我機會，我在該要去協助民進黨的時候，去穩定兩岸的時候，我願意跟蔡主席一起合作。不過蔡總統，不是所有事情都問我，做壞的些事情都沒有問過我，所以搞得亂七八糟。

另外一方面來講，我對國民黨也一樣，為何失望？10 多年來從沒有真正把我看做是所謂的藍軍的一份子。選舉的時候大喊泛藍要大團結，平常的時候就惡整你。像這樣子的做法，我看過人生百態，但是今天為什麼要出來，因為放下一切，最後有這個好的機會，重新讓大家覺得，宋楚瑜還願意為臺灣人民好好地做最後的服務。

【第三階段交互詰問】

韓國瑜提問一

謝謝主持人，我想請問一下兩位總統候選人，你們是有神論還是無神論？我是有神論，我拜觀世音菩薩、拜佛祖、拜媽祖、拜關公。如果你們是無神論者，下面問題不必回答，如果是有神論者，請你們回答。您認為我們人在世間上所做的事情，天上的神在看著嗎？天上的神在記錄我們一生所做的點點滴滴？第三，如果您是有神論者，請問權力越大的總統，任內不好好做事情，辜負人民期待，一大堆貪官汙吏，韓國瑜如果當上這種總統，會上天堂還是下地獄？我再請教一下，你們到底相不相信世間有神？我相信。我是有神論者。請回答。

宋楚瑜回答一

韓市長，我從小，我的父親告訴我，我的祖母曾經教導他，父親也從小教導我，舉頭三尺有神明。我用這樣的信念來從政。政治，就是良心事業。政治，要真正把人民的疾苦，要好好的去關心。公門好修行，人在做天在看，一步一腳印，人民不會忘記你曾經做的努力。我不必一一細談我在省府所做的大建設，提一、二件每個臺灣人都親身體驗到的小事，譬如走遍臺灣所有地方，沒有人不曉得，臺灣高速公路及全省各地路標是宋楚瑜開始去做的。你一上高速公路，你內急要去上廁所，那個加油站，開始提供廁所的服務也是宋

▲宋楚瑜積極推動加油站提供廁所服務，得到中油公司董事長張子源大力
　支持和協助。1994年3月3日，在完成整修的基隆加油站廁所正式對外開
　放時，兩人一起「試用」合影。

▲這是臺灣第一張全省交通地圖，由臺
　灣省公路局印製。

▲臺灣省全省公路行車指南並附省主席宋
　楚瑜的說明。

楚瑜開始推動的。

人民的小事就是政府的大事，政府不可以不當一回事。不錯，政治難免會被人家誣衊，您剛剛說您曾經被人家誣衊。我從政40年來，我是藍軍罵我綠了、綠軍罵我藍了或者是紅了，您去看看大陸的網軍，前段時間不是也是被人家去動員，把宋楚瑜搞得不紅不綠；事實上，宋楚瑜真正心中有神明，自己內心曉得該做什麼事情。不要怕，如果你嫌廚房太熱，就不要進廚房。人行得正，最後老百姓對你會有公道。我已經離開掌權的職務很長時間，我不需要保鑣，我到街上去走，好多人會好好地給我打招呼，我心裡面很安慰，臺灣人是有良心的，謝謝。

宋楚瑜提問一

蔡總統，韓市長在這幾天反覆地說您重用派系，您被派系綁架了。我要請問蔡總統，有人告訴我，您好像東漢的漢獻帝，身邊不但有董卓，還有曹操，還有袁術、還有袁紹。而您的英派，就是您的劉皇叔嗎？韓市長，我也要問您，您身邊的馬幫團隊，您是不是能夠承諾，您將來不會讓哪個施政滿意度掉到9%的馬幫團又班師回朝，又來黑宋？我相信大家都曉得，會做事的人常常被不會做事的人嫌太能幹。所以韓市長，您要小心這些人，事實上，為什麼您最近提出來的這些政策，常常被大家好像不能接受，因為都是這些不接民意的人提供出來的，謝謝。

蔡英文提問一

……我也想問一下宋主席,您能夠接受這個無色覺醒嗎?

宋楚瑜回答一

事實上這個問題,有兩個字,一個叫路線、一個叫底線。兩岸之所以目前分治,基本上是行了不同的路線,我們堅持的是自由民主的道路,我們遵守的是孫中山先生的民有、民治、民享的路線。親民黨和我一向主張天大地大,人民最大,這個是路線。甚麼是兩岸之間交往的底線,任何臺灣現狀的改變,都必須要得到臺灣 2,300 萬人民,以民主的方式來共同決定。我是吃臺灣米喝臺灣水長大的,我才能夠當選臺灣省的省長。我是臺灣人,但是我也是中國人。在這兩個當中,在我們的《憲法》裡面明文的,很清楚的了解得到,兩岸基本的歷史上不可分,我們不能昧於歷史,我們要誠實地來認識歷史,更要務實地面對未來。我們要懂得怎麼樣跟對岸打交道,怎麼樣堅持臺灣不會放棄自由民主價值的那一個立場。因此,兩岸要有建設性對話,而要有能力能夠去了解對方,對方也要了解我們。因此要雙方彼此了解,我們要知己,還要知彼,而且還要異地的相互了解對方底線和我們底線,那就是我們怎麼樣和平相處,避免直接的武裝對立。

韓國瑜提問二

謝謝蔡英文總統，你認為您的團隊夠清廉嗎？您認為你們民進黨內部的派系嚴重嗎？您認為民進黨整個團隊，讓臺灣人民開始產生強烈的懷疑，認為你們貪汙腐敗，要重新啟動建立特偵組嗎？在您領導下3年半，最厲害的武器，特偵組，偵辦立法委員、部長、院長、總統、副總統。特偵組被廢除，您的內部被派系架空，連你們立法委員余天都公開承認，蔡英文被你們新潮流派系給架空、綁架。

當了總統，對外沒有辦法讓政治清明，讓特偵組被廢除。對黨內自己又被綁架，做一個架空的總統，請問如果您未來連任，要讓臺灣人民繼續感覺這種惡夢嗎？

宋楚瑜回答二

謝謝韓市長，他沒有問我有沒有貪汙，我的部屬有沒有貪汙、家屬有沒有貪汙，感謝您的肯定。這就是說省府團隊超過10萬人，我們的團隊，從副省長到秘書長到廳處首長，經手的錢超過上兆，每年發包出去的工程是以10萬件為基礎，但是我們卻曉得，上樑正，下樑就不會歪。我最近看大陸上電視，兩天前，對岸的領導人把他的政治局的這些委員都找來，講了很重的幾句話，「你要管好你自己，要管好你的家人、要管好你的部屬。」對岸也在要求，難道我們臺灣不能夠做出一個同樣的標準嗎？臺灣民眾為什麼懷念蔣經國先生那個時代，那就是廉、能。廉而不能，不行，但是能，但

只曉得去Ａ錢，這個也不行。所以廉能的基本價值：大道之行也，選賢與能，天下為公要選賢與能。各位鄉親，選一個又廉又能的人，帶領一個真正廉能團隊，要又會做事、又不會Ａ錢、還不亂抱女人，您看看，這樣的話不是很好嗎？我們一起共同選這樣的團隊，謝謝您。

宋楚瑜提問二

蔡總統、韓市長，我相信臺灣人民要求的從來不是芒果乾，也不是芭樂票。宋楚瑜當年的勇，就是我在省長時開出來的政見，2,097項，實現率達到了達到了89.7%。我再次向鄉親承諾，我當選之後，一、我願意每年到立法院進行國情報告。二、我所任命的行政團隊的閣員，同一個黨籍不會超過4成。三、我在2年之內，讓臺灣重新加入，或新加入至少一個國際性的組織。四、讓大陸觀光客恢復到每年有400萬人次。如果2年內我做不到，宋楚瑜自行請辭，請問蔡總統、韓市長，您能做相同的保證嗎？

蔡英文提問二

一個政治人物絕對是不可以信口開河，但是我們看到韓市長從政見發表會到我們今天的辯論會，我們聽到了他很多很多信口開河的說法。韓市長也一再地被批評是，他常常改口也背棄承諾。關於選總統，一開始您說，絕對做好市長，絕不會溜之大吉，國民黨提名的時候您又說被動參選，初選開始的時候您說 Yes, I do.

您的誠信已經破產了。而一個星期前高雄市民不滿意您落跑，上街抗議，您卻辱罵他們說是遮羞布，請問您覺得誠信重要嗎？不管做總統，還是您要回去做市長，您要如何重建您已經殘破不堪的誠信呢？同樣問題我請宋主席表達意見。

宋楚瑜回答二

非常感動的是剛剛蔡總統回答了我的問題。那就是我們必須要讓人民覺得，我們不是超級大總統，我們必須要讓人民曉得，您重大的政策，特別是兩岸的問題，我們應該要向人民好好地去說明。因此，我才提出來，總統要到立法院去向人民報告。

您特別提到的，政治人物不可以信口開河，沒有錯，說到一定要做到，這就是我剛剛一開場的時候，我最先提出來，蔡總統您曾經承諾過，還權於民的一些基本的思維。您當時對於馬總統時代的那些作為不以為然，那就是不能夠自我感覺良好，但是很顯然的，很多的這些承諾的事情，當然在執行上會有困難，但是不要忘了，總統就是那個最重要的平臺。您必須要去整合好多的這些不同的意見，甚至於黨外的意見，大家一起好好溝通。臺灣會有今天的自由民主的制度，不就是當年大家跨黨派的，能夠好好去合作嗎？剛剛您最先答覆我一個問題說，我曾經跟您很多的合作，不要讓大家誤解讓我又被藍營戴上了一個綠帽子。事實上，我沒有完全都聽您的，而很多重要的事情，像「一例一休」的問題，您也沒有請教過我。第二個，軍改的問題、年改的問題，我雖然跟陳副總統有交換一下

那個意見，但是您的實際操盤的人並沒有採用我的意見。

韓國瑜提問三

我要問我們兩位總統候選人，柯P市長說，過去一年，2018年民進黨慘敗，民進黨治理國家執政沒有進步半步，除了網軍有進步之外，柯P說新潮流不倒，臺灣不會好。柯P說，民進黨執政把司法當作工具，這樣對臺灣人民好嗎？我為什麼要把柯P的話講出來，不管喜歡柯文哲不喜歡柯文哲，但是柯文哲講的話，時常都是發自內心的實話。蔡英文總統，您要怎麼跟臺灣人民交代，臺灣人用四個字表達您的執政「苦、忙、翻、亂」。如果您連任，未來4年臺灣人民會過得多麼的辛苦？

宋楚瑜回答三

韓市長所提出來的這個問題，也是現在我們臺灣民主發展未來非常重要的一個主題。我們一方面要對於人民自由發言的言論予以尊重，但是我們必須要有規矩。這就是親民黨黨徽那個標誌，一個方的、一個圓的，「方圓之間，成就臺灣」。無規矩，不成方圓，而方圓之間，如果不能夠有一些基本規範，我們臺灣會自己內亂。所以臺灣在資訊業非常發達的過程中，我們將來也需要有基本規範，而這個規範不是執政的人在單獨下決定。我非常了解得到，韓市長心裡很難過的是，黑韓的那個網軍很厲害，但另一方面，我不是也一樣，長期是被人家黑的那個對象嗎？這個問題將來我們應該

好好把關。把這個事情當一回事，我們三個人應該可以有一個共同的承諾，不管未來是誰當選，臺灣未來的網路制度，該有些基本規範，我們要制定一個良好規範，讓大家覺得，我們可以有一些發言，可以有一些表述，但是不可以越過一些基本的規矩。因此，我承諾，我把這個事情當一回事，但絕不是單獨由哪一個黨在做決定，一定由大家共同好好商量來決定，謝謝。

宋楚瑜提問三

我相信我們都堅持，任何改變臺灣前途的決定，都必須要經過臺灣 2,300 萬我們臺灣人民的同意。蔡總統，您曾經宣示，將依據《中華民國憲法》、《兩岸關係條例》和其他相關法律來處理兩岸的關係。所以，您也接受《中華民國憲法》增修條文對兩岸目前現狀的地位，我要請教蔡總統，您的國家定位和兩岸定位到底是什麼？這是大家都非常關切的問題，我給您一個機會，讓您可以正式做一些表述。韓市長，您說民進黨開政府大門發大財，請問您該如何處理？那個連大陸都承認了的問題，國民黨買辦在大陸有一個很大的產業鏈，您將來會怎麼處理？

蔡英文提問三

好，韓市長您的國政顧問團提出 2035 的計畫，我不知道您看過沒有。您知道您自己的能源比例到 2035 年能源計畫比例要用多少核電嗎？我幫您算過，您的計畫中，核能要占 25%，遠遠超過現

在的 10％，所以不只馬總統封存的核四要重啟，還要再蓋核五、再蓋核六。核四要重啟您知道要花多少錢嗎，多少時間嗎？

您有問過新北市的侯市長他同不同意嗎？還有核五核六要蓋在高雄嗎，還是要蓋在哪裡？最重要的是，核廢料又要放在哪裡呢？韓國瑜說今天臺中的造勢要帶口罩，那新北市造勢的時候，是不是要穿核能防護衣呢？所以這一點請回答，也請宋主席表達意見。

宋楚瑜回答三

臺灣雖然號稱為寶島，但臺灣並不是一個天然資源非常豐富的國家，我們必須要了解，臺灣必須要發揮我們整合的能力，剛剛特別提到電的問題，蔡總統您的大南方計畫，提到我們要發展航運，我們要農業外銷，我們要有產業聚落，甚至我們要有觀光產業，難道，單獨一項計畫就能做到產業聚落，我們那個五缺的問題，難道只有缺電嗎？我們其他的四缺到哪裡去了？我們缺水，我們也缺勞工，我們的人才也缺，我們的土地取得也很難。五缺的問題之外，最重要缺的是一個領導，我們要怎麼去整合、訂定好的政策，把這些問題去處理好？國民黨當年搞戒急用忍，就讓所有船都進不來了，韓市長講船要進來，貨要進來，為什麼我們當年錯誤的政策造成臺灣今天的落後？剛剛鄒女士（《自由時報》總編輯）問我，這20年來，臺灣為什麼持續沉淪，那就是沒有掌握正確的方向，沒有一個堅強的領導，領導本來就是一個平臺，說話要算話。不是只有核四的問題，核四廢料放在蘭嶼，蘭嶼到了夏天卻沒有電要停電，

您難道不覺得很諷刺嗎？

【第四階段結論】

我剛剛聽到蔡總統很誠懇的談話，我也必須很誠懇地跟蔡總統說，您給人民畫了很大的夢，也很想做事，但是您背後的那些派系，他們所作所為，不只是國民黨提出批評，我也必須說，對於他們的所作所為，特別是強取豪奪霸占國家的名器，大家都有微詞。

在這一年當中，民進黨曾經慘敗過。但是，如果不是蔡總統，您撿到大陸在香港給您的槍，然後您這次又用《反滲透法》，讓人民產生一些畏懼感；坦白講，我們對目前兩岸的關係和臺灣未來發展是讓大家憂慮的。沒有錯，我們作為一個政治人物，腰桿要站得直，宋楚瑜從來在大陸上沒有去要過一分錢，我的子女也沒有在大陸上有任何的經商和任何的發展。我特別提到我的兒子，我的兒子只有跟我去過兩次大陸，一次是回家鄉掃墓，一次是看奧運，10 幾年來他都沒有再去過一次大陸、我的媳婦連一次都沒有去過大陸。

我為什麼要這樣講，那就是我今天可以對兩岸問題能夠做這麼樣強烈而有根有據的發言，因為我不是為了自己的家族，或者是為了任何黨的利益。今天在座的張昭雄先生，跟我一起奮鬥，他曾經講了一句話讓我很感動，他說他跟我 20 年來一起從政，他穿的那個醫生白顏色的服裝到今天上面沒有一點點汙點。什麼原因？那就是我們盡心盡力的要為臺灣打出一條道路，不為己身！

中共總書記
胡錦濤（2005年）

▲2005年5月宋楚瑜率親民黨訪北京與中共總書記胡錦濤會談，副主席張昭雄等人陪同。

▲親民黨的三巨頭：宋楚瑜主席、張昭雄副主席、李鴻鈞秘書長。

　　做總統的責任，就是要發揮臺灣的三大優勢，地理位置的優勢、人文素質的優勢，更重要的是民主制度的優勢。我們要把握三大核心，那就是核心的價值、核心的戰略、核心的管理。堅定三大立場，穩定兩岸的和平關係，確保臺灣自由民主的體制，國家人民的利益要放在政黨的前面。

　　誠實地面對歷史，務實地面對未來，堅持中有彈性、彈性中有原則，兩岸之間要知己知彼也要易位思考。

　　電影《冰雪奇緣2》有一句經典臺詞：When one can see no future, all one can do is the next right thing.「當一個人看不清未來時，他唯一能做的事情就是走好當下的路、做好該做的事。」您就是我的頭家，各位鄉親們。咱的頭家啊！咱臺灣要選一個會做事的人，把您當頭家！不是只有在選舉的時候，您當一天頭家，後面您就變成政府的冤家。我們要好好地重新地來思考我們很多的問題，臺灣有今天的成就，不是排斥外來的文明，我們要珍惜中華文明，因為我們臺灣能夠發展是要用加法跟乘法，而不是用除法跟減法。我從政以來有很多不同政治見解的朋友，但是我們能夠變成相知相惜的好朋友，因為我們都有一個共識，雖然我們可能有不同的過去，但是我們卻有共同的未來。臺灣的人希望永保自由民主，我們要做一個驕傲的臺灣人，更能夠對對岸說，我不但能夠讓臺灣好，站得起來，我們更要讓世界亮起來，讓臺灣的經驗在世界發光，謝謝大家。

▲電視辯論會後，宋楚瑜與競選團隊會見記者，答覆問題。右起：張昭雄、于美人、宋楚瑜、余湘、李鴻鈞及張碩文。

第十五任總統候選人宋楚瑜
參加中華民族聯合祭祖大典

致詞全文

2020年1月1日　新北市林口體育館

　　混元大師、張主席、洪會長，各位在場的貴賓、各位鄉親大家新年好。

　　今天楚瑜特別以虔誠的心到這邊，跟大家一起共同參與中華民族三神子弟後代舉行聯合祭祖大典。楚瑜非常榮幸在這邊向諸位表達，我們都是炎黃三祖的後代，「炎黃子孫不忘本，兩岸兄弟一家親」。我們希望兩岸和平，我們從小所受到的教育是「子孫雖愚，經書不可不讀；祖宗雖遠，祭祀不可不誠」。舉頭三尺有神明，中華文化給我們所有的鄉親，從小訓練和教育是要孝敬父母、尊重師長、友愛兄弟、朋友要講信用。不管是我們從福建閩南來的鄉親，「咱臺灣人講，要實實在在做工作，一步一腳印為咱國家、為咱父母，認真做個好人。」（臺語）各位鄉親，我過去受到大家的栽培，在臺灣省能夠為大家服務，我「上山下海、南北奔波，一步一腳印地為大家認真打拚」（客語）。客家人說，要世世代代做個良善的人，才不負我們老祖先。

　　各位親愛的鄉親，宋楚瑜堅持兩岸要和平，我是中華民族炎黃子孫，所以我是中國人。我也是吃臺灣米、喝臺灣水長大的臺灣人（會場響起熱烈掌聲）。兩岸要相親相愛、相互尊重、相互諒解。臺灣的自由民主制度是我們共同的驕傲，臺灣的經濟發展是我們共同打拚獲得的成果。因此，中華民族要站起來，中華民族要富起來，中華民族更要強起來。但更重要是，要把臺灣自由民主的制度，讓全世界看到中華民族亮起來！

▲▼宋楚瑜在中華民族聯合祭祖大典致詞。

　　做一個堂堂正正的中國人，做一個有為有守的臺灣人。兩岸一家親，共同努力，化干戈為玉帛。讓我們互相幫助、互相鼓勵。新年萬福，祈求祖宗，保佑臺灣風調雨順、國泰民安，大家身體健康，一切如意。謝謝各位鄉親！

貼近民眾
勤跑基層做建設

宋楚瑜是唯一一位臺灣的民選省長，是唯一到過臺灣省 309 鄉鎮的省主席，也是唯一到過所有鄉鎮公所與基層座談的省主席。

宋楚瑜一再強調政治管三件事：決定政策方向、決定資源分配以及妥慎舉賢用人。他在省政府組成廉能又幹練的省府團隊，常以「天道酬勤」，「一步一腳印」把省民的「小事」當做是省長及省政府的大事。他常說，政治就是人性關懷，政治就是良心的志業，不分黨派，不分族群，一視同仁，為人民做好服務。

他的施政重心放在縮短城鄉差距，善用資源，在不加稅、不舉債的情況下，他特別重視——

交通建設、基礎教育、公共衛生、民生用水，以及農漁勞工、榮民與原住民生活條件改善。

政績比一比
誰有執行力
宋楚瑜在臺灣省工作的實績

宋楚瑜

交 通 建 設

漁港興建修建
115處

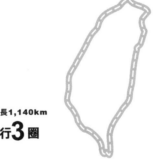

3,580公里

道路新闢
616 km

道路拓寬及改善
1,536 km

補助鄉縣道路工程
1,428 km

台灣海岸線全長1,140km
約繞行**3**圈

全臺農林道路工程
4,025,984公尺

改善農路
1,320,799 m

辦理道路
50,960 m

整修農路
2,654,225 m

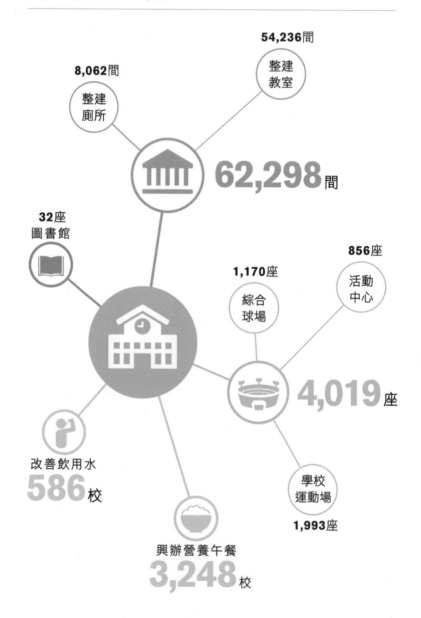

學 校 工 程

54,236間
整建教室

8,062間
整建廁所

62,298間

32座
圖書館

1,170座
綜合球場

856座
活動中心

4,019座

改善飲用水
586校

學校運動場
1,993座

興辦營養午餐
3,248校

百年樹人「脫窮」管道

　　宋楚瑜認為教育是政府最應做到公平的事業，因為教育是「脫窮」不二法門，他常說教育使貧窮不會世襲化。所以他認為，凡從事為民服務的人，在腦筋裡最重要的概念應該是：如何將教育這個餅做大，而且要做得公平，讓每個地方的子弟，不論在哪裡就學，都可享有水準相近的教育資源。他體現《憲法》第 164 條提到教育、科學、文化之經費，在省政府不得少於其預算總額 25%。因此，妥善運用每年預算的 1/4（約 1,000 億）的預算，改善省屬各級學校，包括省立工商、農業職業學校；不單是學校硬體工程設備的改善（詳見前 p.138），偏遠離島、肢體障礙孩童就學的交通，及中低收入戶子女的營養午餐都給與全額補助；同時對於省內中小學退休教職員的退休俸及貧窮農業縣的教育經費，也都由省政府協處幫忙。在服務省府的那段時間，宋楚瑜與省府同仁為臺灣省的教育，做過不少彌補性質的工作，投入許多專業與敬業的精神，以使百年樹人的工作，能儘量完善。

原住民鄉建設

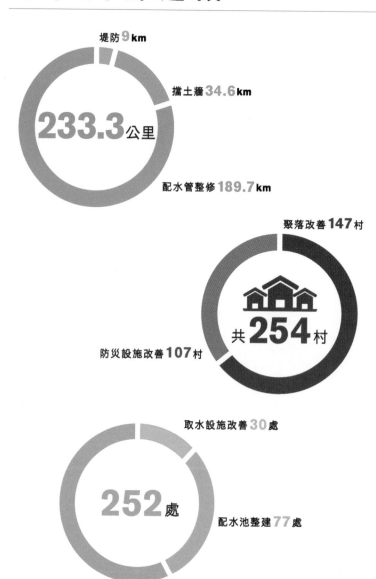

堤防 **9 km**

擋土牆 **34.6 km**

233.3 公里

配水管整修 **189.7 km**

聚落改善 **147** 村

防災設施改善 **107** 村

共 **254** 村

取水設施改善 **30** 處

252 處

配水池整建 **77** 處

飲水設施整建 **145** 處

水 源 設 施

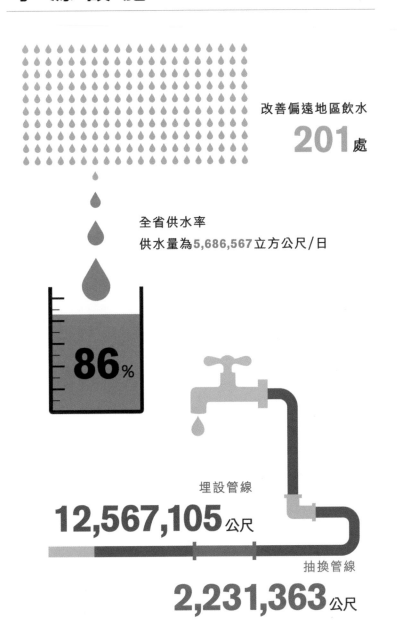

改善偏遠地區飲水
201處

全省供水率
供水量為**5,686,567**立方公尺／日

86%

埋設管線
12,567,105公尺

抽換管線
2,231,363公尺

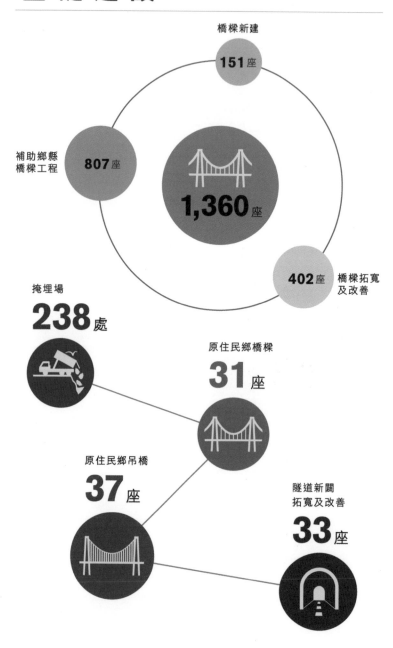

基 礎 建 設

橋樑新建
151座

補助鄉縣
橋樑工程
807座

1,360座

402座 橋樑拓寬
及改善

掩埋場
238處

原住民鄉橋樑
31座

原住民鄉吊橋
37座

隧道新闢
拓寬及改善
33座

天道酬勤：2020宋楚瑜參選紀實

142

■基隆

- 拓寬基瑞公路

- 興建基隆港西岸聯絡道

- 新山水庫加高

- 辦理馬陵坑溪攔河堰、基隆河暖江橋攔河堰

- 興建南華河及西定河上游截流隧道

- 整治東勢坑溪、友蚋溪、田寮河

- 增建八斗子漁港防波堤

- 興修建漁港 3 處

- 興建碧砂漁港直銷中心

- 興建長樂國小、武崙國小

- 協助省立基中舊科學館重建為特教館、新建體育館

- 整頓提昇省立基隆醫院軟硬體設備，並新建基隆醫院精神療養
  大樓

- 興建八尺門（海濱）、安樂、崇法、光華等社區國宅

- 改建中正區公所

- 興建開元路立體停車場

- 興建運動公園

◀宋楚瑜親自踏泥視
察基隆新山水庫工
程進度，由秘書長
林豐正、水利局長
謝瑞麟陪同。

▶基隆新山水庫加高
工程完工典禮。

◀新山水庫加高工
程竣工後圖照。

▶訪基隆追蹤工程進度。

▲主持基隆光華國宅動土典禮，由右至左省長宋楚瑜、國防部長孫震、陸軍總司令李楨林及海軍總司令莊銘耀。

■新北市（原臺北縣）

- 闢建東西向萬里瑞濱線快速道路

- 闢建東西向八里新店線快速道路

- 闢建西部濱海公路

- 闢建臺 2、臺 3、臺 5、臺 7、臺 9、臺 15 線

- 興建縱貫公路（汐止大同路）

- 開闢基福公路、新店市環河道路

- 闢建金山鄉和平街、雙溪鄉丁子蘭坑路

- 興建土城市城林橋引道

- 新建樹林鎮柑園橋銜接樹林資源回收廠聯外道路匝道

- 闢建林口鄉二至三號計畫道路跨越高速公路之路橋

- 開闢金山鄉和平街道路

- 補助開闢平溪鄉平新產業道路及南山產業道路

- 興建蘆洲鄉 103 線二重疏洪道及補強堤防

- 新闢平溪鄉基平、平雙隧道

- 新建石門鄉臺 2 線十八公廟橋

- 改建臺北大橋、華江大橋、新基大橋

- 改善瑞八公路及闢建第二瑞八公路

- 改善石碇鄉皇帝殿環山道路、106 乙線石碇至坪林段、光明及
  豐彭道路／臺 9 甲新店烏來段

- 拓寬金山鄉中山路／板橋市臺 3 線板橋至土城市界、四川路一

◀改建臺北大橋完工後
圖照。

▶關渡大橋。

◀宋楚瑜重視基層勞工
朋友,對於礦工朋友
安全十分重視,圖
為1997年9月20日,
特別下到臺灣最深層
的礦坑,離地底將近
一千多公尺的三峽利
豐煤礦,體會礦工朋
友下坑的辛苦並實地
勘察他們工作環境的
安全性。他的任內臺
灣的礦場從未發生過
任何的災難。

段、二段／平溪鄉 106 公路、平溪北 43 紫東道路、北四五線道路／拓寬貢寮鄉 102 線（長泰福隆段）／烏來鄉內北 107 線／土城中州路三巷／拓寬淡水鎮老街至中正道路／拓寬三芝鄉圓山頂至三板橋道路／石門鄉下八甲路

● 延伸石門鄉富基漁港觀光漁市外環道

● 補助板橋市三民路二段、公園路、和平路、重慶路、裕民街道路刨除及加封工程

● 擴建板新淨水廠

● 汰換地下舊露管線

● 推動汙水下水道系統建設

● 辦理及改善深坑、石碇、新店水源區、淡水山區、石門等自來水供水工程

● 增修坪林鄉坪林等七村 150 處簡易自來水

● 辦理新烏地區下水道工程

● 興建永和汙水截流站

● 興建八里汙水處理廠

● 協助翡翠水庫土地徵收

● 闢建改善樹林垃圾衛生掩埋場

● 專案執行臺北地區防洪 3 期計畫

● 加強治山防災工作

● 辦理萬里海堤工程

● 延長金山鄉磺溪 40 號橋下游堤防

◀1996年3月15日，勘察臺北縣烏來汙水處理廠。

▶1994年9月21日，勘察石碇自來水工程竣工。

▲整治後，中、永和交界的瓦磘溝。

▲宋楚瑜在省主席任內親到現場勘察協調8次，興建瓦磘抽水站發揮防洪功能，中和、永和從此不再淹水。

- 改善萬里鄉汩公館崙二圳、員潭子一圳／金山鄉石槌子一圳、清水溪／汐止鎮保長坑溪、康誥坑溪／石碇鄉彭山、和平國小旁／瑞芳鎮九份七番坑、八分寮／雙溪鄉八股二圳／貢寮鄉田寮洋一圳／三峽鎮麻園溪、鹿母潭／鶯歌鎮兔子坑溪、鶯歌溪支線／新莊市十八坑溪、後港溝／泰山鄉橫窠子排水
- 清理板橋市內主要排水幹道
- 辦理汐止基隆河實踐橋下游右岸低水護岸工程、搶修基隆河介壽橋下游左岸護岸、疏浚基隆河汐止段
- 補助整治平溪基隆河上游
- 辦理雙溪鄉田寮堤防、三峽鎮大漢溪鳶山堰護岸工程、大漢溪鶯歌段堤防
- 整治雙溪鄉內 11 條野溪及牧丹溪、平林溪／泰山鄉大窠坑溪
- 整治美化新店溪公有河川高灘地、整治瑠公圳
- 整治中、永和瓦磘溝東支流、加固秀朗橋段河堤、設立秀山抽水站、改善景新街段之大排水溝
- 整治土城各里、社區排水溝
- 興建三峽鎮河中埔堤防、八里紅海灘海堤
- 重新規劃鶯歌鎮排水系統
- 增設三重市長元街底與忠孝路底之抽水站
- 補助泰山鄉興利路排水工程第 3 期經費
- 協助改善蘆洲市鴨母港閘門及抽水站老舊設施
- 改善八里鄉長道坑口、龍形／淡水鎮八里堆圳、石埔頭上圳、

　　泉州厝圳、後寮上圳、湧水一圳、庄子內、水堆排水幹線

- 改善石門鄉大丘田二圳、穿空圳系統

- 興修建漁港 15 處

- 補助興建貢寮鄉漁貨直銷中心、石門鄉富基漁港魚貨直銷中心

- 擴建淡水港

- 新建三重高中

- 明德國中改制完全中學

- 興建林口國宅

- 改建環南、秀朗、壽德、忠孝、貿商等眷村

- 重建中和市、永和市、蘆洲市衛生所

◀與國防部長蔣仲苓、陸軍總司令李楨林、臺北縣長尤清主持泰山忠孝新村眷村改建國宅開工典禮。

▶臺北原住民國宅。

- 設立臺北縣殘障福利服務中心

- 補助興建臺北醫院城區分院

- 闢建樹林省民公園、三峽鎮中山遊憩公園等 19 處

- 興建二重國中運動場、永和國小運動場、中和國小大操場地下
停車場

- 興建新莊市八德／五股鄉／板橋市「停九」／土城市停一、停
二、停三、五號立體停車場

- 興建中和市「停八」停車場

- 推動新建板橋火車站

- 整體開發樹林堤防新生地

- 興辦坪林鄉茶葉博物館

- 成立三峽鎮歷史博物館

- 興建新莊市、鶯歌鎮行政大樓

- 補助興建泰山鄉行政大樓

- 補助修建三峽鎮公所

- 整修石門鄉公所

- 改建萬里鄉公所辦公廳舍

- 興建瑞芳鎮大型體育場

- 推動興建泰山體育館

- 整建、美化瑞芳車站

- 維護三級古蹟新莊文昌祠

- 闢建板橋市活動中心

- 興建八里鄉大坪頂地區活動中心

▲國寶級布袋戲大師黃海岱、李天祿。宋楚瑜還尊近百歲人瑞黃海岱為老師，跟他學唱布袋戲，唱齊天大聖──孫悟空，學得有模有樣。

▶宋楚瑜與台塑王永慶董事長，在長庚大學張昭雄校長的全力協助下，共同為原住民女孩廣開升學之路，在長庚護校招收全額補助的原住民學生，好讓她們能一技在身，行遍天下；為她們提供受教育及專業訓練，找到尊嚴的職業，也解決重要的社會問題。

◀1996年1月10日，宋楚瑜到林口長庚護校，與原住民學生歡喜相聚。

眷村改建，照顧榮民榮眷

1987 年 11 月宋楚瑜時任國民黨副秘書長，遇到退伍老兵包圍行政院事件，因經國先生交代他出面處理，終得以使事件圓滿落幕；自謀生活老兵的補助就養金由當時的新臺幣 2,978 元正式調整近一倍到 5,078 元，凡符合寄缺者，一體辦理寄缺，不限人數。

照顧老兵，從未或忘，「只要我們的榮民眷村一家十幾口人擠在一個不到十平方米的小房間中而不能解決，我也絕對不能坐視不管」，到臺灣省政府服務的宋楚瑜這樣說。

為照顧弱勢族群的居住生活，他到省府任職的第一天，對眷村改建事宜，很重視，更自任召集人積極推動、定期開會改建工作，後成立了「軍眷村合作改建國民住宅督導推行委員會」，好讓低階住在陋屋的榮民伯伯及榮眷們，餘生無虞；宋楚瑜任內共改建 2 萬 5 千 9 百餘戶，盡其所能做到「居者有其屋」。其實宋楚瑜是軍人子弟，對榮民及榮眷們自然有更深一份的情感，他時常走訪臺灣省各地的榮民之家，足跡踏遍臺東的馬蘭（為國民政府來臺後，最早實施社會福利的機構，後在宋楚瑜任省長後，與退輔會合作，也同時成為收治癱瘓老人及身心障礙者的收容機構）、新竹湖口、臺中清水、大雅……，為他們解決問題，逢年過節總不忘致送加菜金，聊表心意。對於有些榮民伯伯老年娶妻生下許多有病症的子女，也特別關照，安排他們把戶籍遷到臺灣省，就近照顧。

■桃園

● 桃園都會區捷運系統規劃

● 闢建西濱快速道路

● 闢建東西向觀音大溪線快速道路

● 闢建臺 4、臺 15 線

● 興建龜山鄉林口臺地對外聯絡道路

● 興建大溪鄉第二外環道

● 興建蘆竹鄉富國路

● 開闢復興鄉高義村、華陵村產業道路

● 拓寬北橫公路、羅馬公路

● 拓寬中壢至觀音、新屋、龍潭道路

● 拓寬中壢市舊中華路及 7-12 號路／平鎮市金陵路、延平路自
  老街溪橋至中壢國小路段／新屋鄉 114 線道路／觀音鄉 89 號
  及 92 號道路／桃園市永安路／八德市東勇街第 2 期道路

● 改善蘆竹鄉南竹路、新生路、龍安街、民生北路等沿線與高速
  公路穿越部分

● 興建楊梅鎮富岡新明街鐵路涵洞

● 補助楊梅鎮富岡第 3 期農地重劃區道路鋪設柏油路面

● 增設桃園市寶山街平交道、大興路平交道、10 號計畫道路平
  交道

● 改善八德市永豐路平交道

- 興建蘆竹鄉桃林鐵路南祥路與六福路簡易平交道
- 興建平鎮淨水廠
- 興建南區汙水處理廠
- 執行石門水庫集水區治理
- 辦理觀音、新屋、大園、蘆竹等四鄉自來水供水工程
- 改善平鎮市忠貞國小、改善復興鄉羅浮村飲水問題
- 改善中壢工業區廢水汙染農地問題

◀1998年2月6日，由縣長呂秀蓮陪同訪視桃園縣農業建設。

▶訪察桃園石門水庫，親自了解水資源調度，尤其是颱風來去後的預防與善後。

- 解決蘆竹鄉中福地區農地遭受鎘汙染問題
- 整治中壢市老街溪河川
- 興建觀音鄉富林村、樹林村沿海岸防波堤
- 改善八德市霄裡溪排水
- 改善大園鄉農地與排水設施
- 興修建漁港 4 處
- 平鎮國中設置完全中學
- 興建中壢高中
- 興建省立桃園醫院新屋分院
- 重建大溪鎮衛生所
- 改建中壢市居安、陸光五村／平鎮市自立、精忠六村／楊梅鎮五守新村、光華二村／桃園市建國十四村／龜山鄉明駝一村、陸光三村／八德市陸光四村等眷村
- 闢建改善垃圾衛生掩埋場 7 處
- 興建北區焚化爐
- 興建中壢市立體停車場、八德市大湳地區立體停車場
- 闢建北二高東龍路高架橋下停車場
- 開闢中壢市 4 號及 14 號公園、楊梅鎮兒八公園
- 協助興建桃園縣農民活動中心
- 遷建北區職訓中心
- 興建桃園啟智學校
- 桃園航空城建設規劃
- 協助大園空難受難家屬處理善後、重建家園

▶1995年11月26日，桃園陸光四村動土，與吳伯雄秘書長及桃園縣長劉邦友及陸軍總司令李楨林。

◀桃園精忠六村動土，與李登輝總統及國防部長蔣仲苓。

▶1998年2月20日，至桃園慰問華航空難罹難者家屬。

有水當思無水苦

宋楚瑜特別重視自來水問題，列為重要施政項目。在他剛擔任省主席時，桃園縣沿海 4 鄉鎮自來水普及率不過 3 成。多數居民是客家人，喝的是井水。而桃園地區工廠多，排放的工業廢水滲入地下，宋楚瑜馬上進行水質改善，經過兩、三年努力，當地自來水普及率逾 8 成。

不僅桃園，在他任內，凡偏鄉有自來水接管問題，省府都以推展基層建設經費來補助，由省府出面解決問題！

在宋楚瑜服務省府 5 年 9 個月的時間裡，不單是對桃園縣自來水普及率的提升，也對全省客家鄉鎮與原住民鄉自來水工程的落實推動，不遺餘力。他任內全面性的完成了臺灣自來水供水普及率成長 5.85%；出水能力每日增加 226 萬噸；水管線長度增加 12,400 公里；汰換供水管線 3,057 公里；用戶數增加 1,325,000 餘戶。特別是：

- 改善無自來水地區給水，合計處理 596 處飲水改善工程，改善 76,250 戶，29 萬人之飲用水。

- 「改善原住民部落簡易飲水設施」，辦理 197 件工程，改善 17,474 戶，80,210 人之飲用水。

- 「改善聚落飲水措施」，辦理 214 件工程，改 16,870 戶，80,930 人之飲用水。

■新竹

- 新竹都會區捷運系統規劃

- 闢建西濱快速道路

- 興建東大路立體交叉工程

- 闢建臺 1、臺 3、臺 5、臺 15 線

- 闢建東西向南寮竹東線快速道路

- 闢建竹北新豐間四線道鳳鼻隧道

- 興建竹北市鳳崗大橋、芎林鄉竹林大橋、橫山鄉內灣大橋

- 修復五峰鄉五峰大橋、民都有大橋、清泉大橋

- 改建橫山鄉永豐橋、南昌吊橋為水泥大橋／北埔鄉南埔橋

- 建構竹北市東華至鳳崗大橋堤防道路

- 闢建寶山鄉外環道路、五峰鄉聯外道路

- 拓寬 115、118 縣道、120、121 縣道

- 拓寬新埔鎮都市計畫區第三號道路／寶山鄉寶山路／竹東鎮北
  興路／北埔鄉寶山路、石峰道路

- 補助拓寬芎林鄉文昌街、峨眉鄉獅頭山觀光道路

- 興建寶山第二水庫

- 更新老舊自來水管線

- 興建關西鎮簡易自來水淨水場

- 解決寶山鄉明湖社區飲水問題

- 改善新竹市高峰路 221 巷社區、新竹地區及科學園區供水問題

▶1994年7月21日，
訪視新竹市東大路
立體高架橋工程，
新竹市長童勝男陪
同。

◀完工後的鳳鼻隧道。
上端是裝甲兵湖口基
地，三不五時實彈對
海射擊演習，隧道竣
工，沿海南北交通就
不再中斷，工程設計
精巧，仍可看到美麗
的臺灣海峽。

▶1996年1月27日，
訪視新竹寶山交流
道，聽取簡報，由
縣長范振宗及省議
員邱鏡淳陪同，交
通部張家祝次長、
省府交通處長陳世
圯一起參與。

- 改善湖口鄉、五峰鄉自來水供水系統

- 補助新豐鄉茄苳溪沿岸地區自來水工程

- 新豐鄉紅毛港汙染整治

- 興建竹北市頭前溪斗崙堤防

- 修復新埔鎮鳳山溪石頭坑二號堤防

- 辦理橫山鄉豐田堤防、田寮堤防延長

- 興建北埔鄉南埔堤防

- 興建頭前溪隆恩堰

- 改善明新工專附近排水溝

- 改善新埔鎮道路排水、西湖鄉二湖坑

- 改善橫山鄉新興村、大肚村雨水下水道

- 整治橫山鄉大肚區域排水

- 整治頭前溪、新埔鎮鳳山溪、竹北市豆子埔溪、湖口鄉德盛溪、關西鎮牛欄河、竹東鎮中興河道、橫山鄉火車站站前野溪

- 興修新竹漁港

- 興修新竹市漁產直銷中心

- 補助竹北市農會興建冷藏庫

- 擴建省立新竹醫院醫療大樓

- 協助完成芎林鄉野戰醫院由公所託管及民用

- 重建湖口鄉衛生所

- 興建省立竹東醫院

- 新竹科學城建設規劃

◀▲1997年7月5日，訪
　視新竹縣尖石鄉豪
　雨災情。

▶1998年4月22日，
　省長親自查訪新
　竹自來水管汰換
　工程。

- 改建新竹市空軍三村、公學新村為國宅
- 興建尖石國中師生宿舍
- 興建竹北市華興街立體停車場

▲新竹市空軍第三村，完工後的景觀。

■苗栗

- 闢建西濱快速道路
- 闢建臺 1、臺 3、臺 6、臺 13
- 闢建東西向後龍汶水線快速道路
- 闢建頭份交流道聯絡道 3 號線
- 闢建頭份鎮忠孝、民族、和平三里預定道路／苗栗市一號道路穿越鐵路地下道、恭敬路／泰安鄉新興村聯外道路、銅鑼鄉雙峰路
- 辦理苑裡溪截彎取直
- 協助興建錫隘隧道
- 興建西湖鄉飛龍大橋／新東大橋／竹南鎮中港溪橋／三灣鄉三灣橋／通霄鎮通霄橋、大崁橋、蕃社橋／大湖鄉社寮角大橋
- 修護頭份鎮東興橋／泰安鄉象鼻大橋／銅鑼鄉樟九、九湖大橋
- 補助興建頭份鎮頭份大橋

◀空中鳥瞰臺1線拓寬後的
景觀。

▶1998年7月28日，訪視苗
栗三義鐵路隧道工程。

▶新山線雙軌鐵路工程完工。

- 拓寬改善後龍鎮北勢大橋、大湖鄉縣山大橋
- 改建三灣鄉大河村峰車扭水底橋、頂寮村冬山橋
- 改善頭份交流道聯絡道 2 號、7 號／後龍鎮港里道路／造橋鄉大西村外環道路／泰安鄉中象道路
- 補助規劃中二高聯外南延 11 線道
- 拓寬三灣鄉三埔道路、124 甲道路、南庄段道路、竹苗 47、苗 18、苗 48、49、51、124、126 線道路
- 補助拓寬苗 21 線
- 改善苗 8、9、12、14、17、19、22、24、25、27、31、61、62、64、65 線道路
- 更新改善後龍圳早期農地重劃區農水路
- 辦理山線雙軌鐵路工程
- 鯉魚潭水庫工程
- 南庄鄉中港溪上游築攔河堰
- 設立後龍鎮簡易自來水設備
- 解決通霄鎮烏眉里／苑裡鎮水坡里、苑坑里、造橋鄉平興村／公館鄉鶴岡地區自來水用水問題／銅鑼鄉新盛等三村／西湖鄉二湖村
- 補助造橋鄉造橋、龍昇、談文三村裝設自來水管線
- 興建通霄鎮過港溪堤防
- 修復竹南鎮龍鳳船澳四周、射流溝下游堤防
- 加固延長獅潭鄉汶水舊橋防洪堤防

- 整建後龍鎮海寶防潮堤、通霄鎮新埔海堤

- 整治中港溪、後龍溪、西湖溪、北勢溪、通霄鎮通霄溪、南勢溪獅潭鄉新店溪永興段、西湖鄉龍洞溪、卓鎮卓林二橋老庄溪河道

- 改善三義鄉廣盛村、雙湖村排水

- 興修建漁港 5 處

- 增設稻穀烘乾機

- 補助卓蘭農會增設冷藏庫

- 協助竹南高中擴充校地

- 興華國中試辦完全中學

▲臺灣用路人現在可見的公路標誌，就是宋楚瑜到省府服務時的創舉，至今仍受到讚許。

■臺中

- 闢建西濱公路、中投公路
- 闢建東西向臺中彰濱線快速道路
- 辦理臺 1、臺 3、臺 8、臺 10、臺 12、臺 13、臺 17 線
- 興建臺中市 80 米外環道路、松竹路、文心南路、同心路／太平市新光國中聯外道路／豐原市外環道路／和平鄉中坑富山道路
- 修建臺中市英才路、中港路高架橋／和平鄉烏石境、七棟寮吊橋
- 興建霧峰鄉福興橋、和平鄉雪山坑橋
- 拓寬 127 線、129 線、132 線、中 13 線、中 22 線、中 106 線
- 拓寬太平市長億六街、大里市練武路、豐原至臺中及潭子道路、潭子鄉潭雅路、神岡鄉大圳路
- 改善和平鄉谷關至佳陽隧道
- 增設大慶火車站
- 規劃臺中都會區捷運系統
- 規劃臺中市鐵路地下化
- 擴建臺中港
- 興建石岡鄉食水科兩岸堤防
- 改善石岡鄉大甲溪南岸堤防、太平市草湖溪堤防、大雅鄉信和路排水溝護岸、梧棲鎮安良港環溝、大安鄉南埔堤防旁水防道路

▶省長訪視臺中縣交
　通建設。

◀臺中崇德路延伸至豐
　原交流道工程。

▶竣工後的中投公路。

- 汰換全臺中地下舊漏自來水管
- 興建臺中市汙水處理廠
- 辦理石岡水庫水源管制區汙水處理
- 改善神岡鄉神林路 77 巷、五汴溝／大肚鄉王田、山陽大排水／清水鎮海豐里排水／大甲鎮六股排水、四好排水／大安鄉福興村福安莊鎮安宮廟後三排水溝
- 改善臺中港特區北山區截水溝支線
- 整建龍井鄉海堤／大甲鎮大安溪流域護岸堤防、社尾堤防／大安鄉龜殼村海堤、北汕堤防
- 整治太平市大里溪／大里市旱溪／霧峰乾溪谷橋上游／后里鄉牛稠坑溪／和平鄉達觀圳／新社鄉茄冬寮溪、大南地區排水系統
- 改善大里市王埤、瓦瑤中／烏日鄉同安厝坑、溪心壩、柳川／豐原市筊白筍溝／后里鄉月眉、旱溝上游、電火溪、樟仔腳溝、甲安第三／新社鄉中和村、甲安第一／潭子鄉東元寶分、聚興村、公廳溪、龍圳溝、十一張溝圳／大雅鄉筏仔溪排水溝、中清路排水溝、大雅村學府路排水溝／神岡鄉軟埤溪／大肚鄉大排、份仔中排／沙鹿鎮竹林北溪上游、南勢溪／龍井鄉山腳大排、龍井大排、忠和大排、福麗中排／梧棲鎮大排、北勢溪／清水鎮大排、五福圳、庄界支線、米粉寮支線／外埔鄉塗城、外埔第二、外埔第三排水
- 興修建漁港 4 處
- 興建石岡鄉農會、神岡鄉農會冷藏庫

◀1993年11月2日，宋楚瑜至
臺中縣清水鎮訪視因乾旱對
農作造成的損害。

▶訪視基層，就地使用小
學教室，與民眾直接面
對面，聽取陳情，了解
民瘼，不厭其煩，只因
「為政之道無他，心存
百姓，耐煩而已」。

台中市垃圾焚化廠

◀臺中市垃圾焚化
爐竣工運轉。

▶1997年12月28日，省
長訪視臺中縣潭子鄉摘
星山莊。

- 設置大甲鎮大型穀物乾燥中心
- 改善大安鄉肉品市場預冷設備
- 新社國中試辦完全中學
- 改建省立臺中醫院
- 擴建豐原醫院醫療大樓
- 辦理臺中市虎嘯東、中、西三村及臺中光大一、二、三眷村改建
- 新建梧棲文化國宅社區
- 修護二級古蹟霧峰林家
- 重建霧峰鄉衛生所、臺中市衛生局
- 辦理大里市地重劃
- 協助完成臺中市、臺中縣垃圾焚化爐

政治就是人性的關懷

　　宋楚瑜任內，一直積極追求偏遠地區、弱勢族群應受到政府更好政策的照顧，對於原住民、身障者、老弱婦幼、不幸少女如此，對於醫療設施改善、自來水的供應、治水防洪、修橋補路等等，都是如此。

　　他簡化身障同胞請領慰問金的發放手續、改善全省各縣市戶政事務所全部降低服務櫃檯為 75 公分，為民眾代填申請書表、提供老花眼鏡與愛心傘、代換硬幣、法令疑義解答，

對於年長、重病、傷障民眾無法到所申辦戶籍案件，都由戶政事務所派員親赴辦理。

對於身心障礙教育支出經費，從82年度的13億4千萬元，增加到86年度的26億3千萬元，成長197%，並在持續加強原有11所啟智、啟聰、啟明學校的功能外，另成立基隆、宜蘭特殊教育學校籌備處，拓展特殊教育服務範圍。

按身心障礙者家庭經濟情況、障礙等級給予生活補助費，每月補助6千元、3千元、2千元。

針對身心障礙者個別需要，提供身心障礙者生活輔助器具補助（如輪椅、支架義肢、特製三輪機車、助聽器等）。

「尊嚴與公平」、「愛心」、「尊重」與「人性關懷」是他面對弱勢與長者施政一貫的態度。

▲1994年9月24日，宋楚瑜造訪臺中西部沿海鄉鎮，有位身障同胞突然說：「主席，可以背我一下？」宋楚瑜毫不猶疑背起這位同胞，在場人士鼓掌叫好。

照顧警消，不遺餘力

宋楚瑜接掌省政府後，對義消、義警特別照顧，因為他們全純為公益投入，不支領薪水，更不用說保險，一旦發生事故，家人生活立即就會出現困境，因此宋楚瑜特別為他們籌組成立了一個基金，義消、義警各有1億5千萬元，以基金的孳息來照顧殉職的義消、義警家屬。一位殉職義消、義警的家屬，大約能領到8、9百萬元的撫卹金，為使這筆撫卹金能妥善被運用，宋楚瑜也督促省政府追蹤家屬子女往後的生活與教育。基金保管會就是基於這樣的思考產生的，用意在以最妥善的辦法，保障罹難者家屬能過生活、受教育。

施政要加上人性的關懷。政府治理要有愛心，是一種具體的、外顯的行為，必須藉著行動來實踐，才可能轉化為民眾的受益，實際照顧到民眾身上。

■彰化

- 闢建西濱快速道路
- 闢建東西向彰濱臺中線快速道路
- 闢建東西向漢寶草屯線快速道路、中山高埔鹽系統交流道
- 興建彰化市旭光路、埤頭鄉埤頭外環道、五號道路
- 興建員林鎮中山路地下道

- 興建大村鄉田洋村田洋巷側溝護岸
- 興建永靖鄉南港橋、大成鄉西濱大橋
- 重建改建福興鄉鎮平橋／埔鹽鄉瓦瑤橋、角樹橋／二林鎮萬興橋／二水鄉彰雲大橋
- 拓寬改善彰 37、彰 40、彰 44、彰 48、彰 60 線、臺 17、臺 19、臺 37、臺 148、臺 150、臺 152、臺 319 線道路
- 拓寬改善芬園鄉彰南路／鹿港鎮彭草路／員林鎮 2-1 號、2-2 號道路／永靖鄉永坡路／秀水鄉義興街／鹿港鎮東崎里三弘前道路、東崎打鐵巷／員林鎮 4-8 號道路、5-1 號道路、靜修路、員北路、相 路／社頭鄉協和村後路巷／埔心鄉芎焦村仁和路、羅厝村文昌東路、羅厝路、仁里村仁三路、朝奉路 200 巷、溪湖鎮榕樹路／大村鄉大橋村 18 鄰過巷道／田中鎮酪農路、中洲路、復興路／北斗鎮斗功路／芳苑鄉斗苑路
- 改善花壇鄉崙雅村東西、北口十四甲埤第一農路／秀水鄉安東西興農路、竹圍巷農路／鹿港鎮臺糖廢鐵路南側農路／福興鄉曾厝區元中農路／永靖鄉永靖／溪湖鎮湖西農路
- 整建線西鄉番雅溝北面堤防
- 改善花壇鄉中口村飲水問題
- 辦理員林大排、石筍大排、溪洲大排整治
- 全面徹底改善彰化 26 鄉鎮排水工程，解決了長年淹水，因水患所造成對人民財產損失，苦不堪言的困境
- 改善彰化市彰化國中、陽明國中、大竹／芬園鄉隘寮溪、社口

◀1998年8月25
日，視察彰化縣
漢寶草屯線快速
道路，縣長阮剛
猛、省議員謝章
捷陪同。

▲東西向彰濱臺中線快速道路。

▲1996年9月10日，訪彰化畜牧場了解廢水處理情
形。

◀宋楚瑜不時安排親自到
各縣市的每一個鄉鎮市
公所直接與地方基層幹
部座談並解決地方問題
與陳年積案，圖為眾多
例子中的一例，係與彰
化縣田尾鄉基層座談。

橋下／花壇鄉石筍、花壇／鹿港鎮洋子厝溪／福興鄉二港、元興支線、下寮支線、秀厝支線、中興北、番社、廈粘、橋頭、大崙下／線西鄉田尾／和美鎮番雅溝、竹仔腳、大榮國小旁／伸港鄉蚵寮、六股支線、月眉支線、田尾／員林鎮大村、過溝／社頭鄉鴨母滴、石頭、小埔心、大湖村、淹頭溝／永靖鄉新庄東西段、四芳村、陳厝、西溝圳系統支線、曾厝崙圳下游／埔心鄉羅厝、南館／溪湖鎮大突、北勢尾／大村鄉大村／埔鹽鄉出水村、永樂村、南勢埔、新水、埔鹽幹線腳村樹、義和重劃區農路／田中鎮大新、東源、龍潭、梅州里／北斗鎮清水排水區段、大新工業區聯外／田尾鄉清水溪、海豐崙、曾厝崙、睦宜、打簾／埤頭鄉廟前、舊眉、公館／溪州鄉成功村登山路、東洲、圳寮第一、西畔村／竹塘鄉永基竹塘重劃區灌溉、永基二圳系統支線、竹圍橋附近／二林鎮源成、犁頭厝、莿子埤圳支線、萬興第四放水路、廣興、竹外／大城鄉下溝澮、過湖、魚寮溪／芳苑鄉八洲、大同、舊趙甲、崙腳寮、新復、大永／二水鄉濁水排水系統

- 整建社頭鄉卓乃潭排水系統
- 解決秀水鄉秀水橋附近河岸消蝕、員林鎮惠明街地下道地勢低窪
- 墊高秀水國中低窪地勢
- 改善芳苑鄉萬興排水口北岸防潮堤
- 協助清除線西鄉塭仔碼頭淤積
- 興修建漁港 5 處

- 興建稻穀倉庫

- 改善花卉批發市場

- 興建員林鎮國宅社區

- 興建員林國小地下停車場

- 興建溪湖高中

- 鹿港鎮頂厝里地區成立國校小

- 興建臺灣省勞工休閒育樂中心

- 修護三級古蹟慶安宮

- 改善八卦山大佛風景區

從山巔到海濱──東西向快速道路的興築

臺灣島南北狹長，200多年來的交通建設，多為南北向。宋楚瑜擔任省長期間，開始闢建共計12條的東西向快速道路。大部分均在其省長任內，完成土地徵收與規劃，全面開工並逐步完成。

■南投

- 闢建日月潭環潭公路

- 闢建東西向漢寶草屯線快速道路

- 闢建中投公路

- 闢建臺 3、臺 14、臺 16、臺 21 線

- 改善 42 線、131 線、139 線道

- 興建信義鄉羅溪道路

- 拓寬投 84 線、投 133

- 拓寬國姓鄉北港村二十粒道路

- 興建集鹿大橋、南投市貓羅溪橋、水里鄉玉峰大橋

- 改建南投市綠美橋、軍功橋／國姓鄉國姓橋／埔里鎮牛眠橋／
  仁愛鄉松林大橋、中原大橋

- 改善中寮鄉社區主要幹道／仁愛鄉靜觀至翠峰道路、力行道路
  ／信義鄉地利至人和道路、神木八至九鄰聯絡道路、東埔六鄰
  道路

- 改善集集鎮竹仔坑產業道路、十五份吉龍仔坑產業道路、槌仔
  崎農路／鹿谷鄉龍鳳峽產業道路

- 美化集集鐵路沿線、更新集集支線車廂

- 興辦集集共同引水工程

- 專案辦理貓羅溪整治

- 整建仁愛、信義等鄉聚落引水設施 15 處

- 改善竹山鎮藤湖、下坪寮、部坑、冷水坑排水

- 興建南投市貓羅溪溪洲堤防、永豐堤防／埔里鎮南港溪西北
  一、二號堤防、溪南堤防／魚池鄉中明村十一股溪堤防

- 興建國姓鄉大旗堰、鹿谷鄉攔河堰

- 興建臺 21 線同富村之箱涵

◀1996年8月2日，視
察賀伯颱風南投縣
災情。

▶1993年10月25日，
宋楚瑜主持南投縣
貓羅溪開工典禮，
不分黨派政治人物
參與盛會。

◀1996年5月10日，
由無黨籍陳啟吉省
議員陪同訪視貓羅
溪整治。

◀宋楚瑜親自參加住所所在的里民大會，這是他在服務省府期間，每年歲末運用工務招標剩餘款，依里民大會之決議，將多年懸而未決的陳年積案解決，妥善資源分配給全省6,000多個村里，按現在的講法，就是很接地氣，直接了解照顧基層百姓的需要。

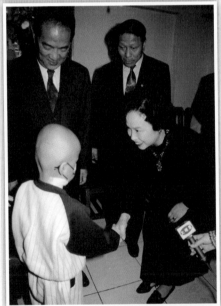

◀1994年12月30日，省長偕夫人陳萬水及林源朗縣長探視南投癌症病童。

▶1998年8月26日，宋楚瑜征服標高3,952公尺最高山峰玉山主峰，頗為得意。

- 整治魚池鄉大雁野溪、向天圳野溪／信義鄉同富村四鄰附近野溪

- 改善中寮鄉葫蘆坑、中寮／國姓鄉新公館排水支線、富久、清涼、埔尾、永興街後段、龜坑／名間鄉東勢坑、仁和、頂厝、南昌、三光／竹山鎮街子尾溪、田子溪／鹿谷鄉竹豐、鹿谷、瑞田二號橋上游排水

- 改善仁愛鄉紅香圳

- 興設省立水里商工

- 改建省立中興醫院

- 擴建省立南投醫院

- 重建南投縣衛生局

- 重建南投市、國姓鄉、魚池鄉、中寮鄉、鹿谷鄉衛生所

- 興建草屯鎮立體停車場、水里鄉停車場

- 修護三級古蹟藍田書院

- 興建特有生物研究保育中心推廣教育館

■雲林

- 闢建西濱快速道路

- 闢建東西向臺西古坑線快速道路

- 闢建臺 1、臺 3、臺 17、臺 19 臺 145 線

- 闢建東勢鄉、崙背鄉、莿桐鄉外環道路、古坑鄉山峰防砂埧

- 拓寬改善 61 線、69 線、106 線、157 線、164 線、雲 129 線

- 拓寬整修大埤鄉田子林段主農路／虎尾鎮／褒忠鄉／東勢鄉／臺西鄉／崙背鄉／麥寮鄉／斗六市／古坑鄉／莿桐鄉／西螺鎮／二崙鄉／北港鎮／元長鄉農地重劃區內農路、產業道路

- 補助興建莿桐鄉砂石專用道

- 改善麥寮鄉山寮興化厝大灣道路／二崙鄉安定村／水林鄉村里道路

- 興建斗南鎮自治橋、田頭里等德橋／斗六市北環溪文明橋

- 改建整修大埤鄉雲 86 線豐岡橋、東勢鄉東豐大橋／古坑鄉石仔坑棋盤橋

- 改建斗南鎮興國鐵路平交道

- 擴建元長淨水廠

- 改善斗南鎮橋真新村、福利新村、五隆社區／大埤鄉西鎮村、興安村、聯美村、北鎮村、怡然村／虎尾鎮三合、過子溪、安慶圳、石廟子／口湖鄉植梧、尖山、舊松排水系統

- 改善臺西地區農地用水及六輕離島工業區用水

- 興建斗南鎮新崙、埤頭堤防大埤鄉／大埤鄉北港溪鎮平堤防、興安集延潭兩排水出口堤防／虎尾鎮新虎尾溪攔河堰

- 整治貓羅溪／斗六市羨仔坑、內湖溪上游／古坑鄉大湖口溪、石龜溪／斗南鎮大湖口溪、牛桃灣溪、施厝寮溪／虎尾鎮新虎尾溪、口湖鄉牛挑灣溪

- 改善斗南鎮埤麻大排、大東／大埤鄉豐田大排、興安中排一／土庫鎮湳子大排、石廟中、新庄子／東勢鄉有才寮／臺西鄉馬

▲1998年6月10日，省長涉水訪察雲林口湖鄉淹水災情，由省議員曾蔡美佐（國民黨）及蘇治洋（民進黨）陪同。

▶每到颱風季來臨，宋楚瑜會督促防洪清淤工作，還撥專款補助水利會，也清理排水溝及布袋蓮，並到各地方巡視水利工程，防患於未然，期使颱風對省民的傷害降至最低。1994年5月17日，省長實地到雲林檢測排水閘門運作情形。圖為陪同勘察者，均為雲林政壇要角，這些人前後都做了雲林縣的縣長，包括省議員蘇洪月嬌（宋身旁右側半蹲者，其女係曾任雲林縣長蘇治芬）、宋左側前站立者（黃色黑點上衣）為省議員曾蔡美佐、張輝元（圖中左一繫領帶者，雲林農田水利會會長）、後排站立右二起：蘇文雄（時為省議員，後曾當選縣長）、許文志（曾為縣長，時任省政府建設廳廳長）、張榮味（時為議員，後任縣長）及廖泉裕（時任縣長）。

公厝、火燒牛稠、路利潭分線／崙背鄉崙背大排、八角亭大排
／麥寮鄉施厝寮大排水下游至出海口／西螺鎮引西圳大排、大
義崙大排、鎮西／二崙鄉田尾、大義崙／北港鎮客子厝／水林
鄉順興大排、新街大排、土間厝大排、大溝大排、後厝中排／
口湖鄉羊稠厝大排、外埔大排、下崙大排、飛沙大排／四湖鄉
箔子寮大排／元長鄉客子厝大排、元長大排一號、頂寮大排、
鹿寮大排、山子內大排排水

- 解決林內國中用地案

- 新建啟智教養院

- 擴建省立雲林醫院醫療大樓

- 重建雲林縣衛生局、斗六市衛生局

- 擴建二崙鄉、水林鄉、口湖鄉、元長鄉衛生所

- 辦理大埤鄉酸菜污水處理系統

- 整建大型批發魚市場

- 興建臺西鄉牛厝市場

- 興建畜禽屍體焚化爐

- 改善西螺鎮蔬果集散中心

- 興修建漁港 4 處

- 辦理東勢鄉路利潭、莿桐鄉湖子內／北港鎮好收、後溝子／元
  長鄉鹿寮、後湖農地重劃

- 興建斗南鎮停一立體停車場、第二公有零售市場地下停車場

● 補助褒忠鄉馬鳴山宗教觀光園區

● 搶修北港朝天宮

▲1998年9月，省長訪雲林教養院。

▲1996年12月5日，省長訪視雲林家禽生產合作社。

對農民，我有心

　　宋楚瑜深知農民朋友生活的辛苦，一到省府服務，施政處處可見為農民設想的痕跡，為農民整合資源，為農民解決問題，因為，「農民們的血和汗，一輩子都流在這塊土地上。」就是抱持這樣的心境，收購稻穀、更新稻田面積，增加農民收益、設置穀物乾燥中心、核撥農民需要的機具補助款 2 億 3 千 5 百萬元；補助 170 萬名農民及其眷屬 20％農民健康保險及全民健康保險保費。在執掌省府 5 年多的時間裡，共計投資經費 121 億 6 千萬元，完成興建產業道路 547 公里、改善農路 1,700 公里、養護及路面處理 1,900 公里，並完成全省 15 縣農地重劃區內農地，長度合計 1,900 公里。

■嘉義

- 闢建啟用布袋港
- 闢建西濱快速道路
- 闢建東西向快速道路水上段
- 闢建東西向快速道路東石段
- 闢建六號外環道路
- 闢建蒜頭都市計畫一號道路、蒜頭 5 及 25 號道路、阿里山鄉幫達至民生道路、茶山至大埔道路

- 拓寬改善臺 1、臺 3、臺 17、臺 18、臺 19 及世賢路等幹道

- 拓寬嘉 50 線、嘉 159 乙線、嘉 122 線、嘉 125 線、157 線、162 線、163 線、166 線 168 線、梅山鄉草嶺瑞里觀光地區聯絡道路、高速公路水上交流道

- 興修改善番路鄉、竹崎鄉、大埔鄉、大林鎮中坑里產業道路及農路

- 改善大埔鄉 3-3 及 3-4 道路、永樂村及茄東村對外道路

- 改建東石鄉文光橋、塭仔橋

- 改善大埔地區飲水問題

- 整治朴子市區排水系統

- 辦理烏山頭至義竹加壓站幹管工程

- 辦理急水溪、八掌溪整治計畫

- 興建朴子溪朴子堤防、新埤堤防

- 整建東石海堤、鰲鼓防潮堤防、民雄鄉牛稠溪堤防、溪口鄉三疊溪堤防

- 辦理布袋鎮過溝區、新塭區、景山區抽水站

- 改善中埔鄉頂圳、埤寮、隆興村湖仔厝、頂六庄、同林、外寮、龍門村、義仁村／鹿草鄉南靖／太保市後溝尾、埤麻腳／朴子市林子前、鴨母寮、荷包嶼、雙溪口／新港鄉月眉、西庄／民雄鄉設溝、大立園／大林鎮義和、早知／義竹鄉埤子頭、溪滐、新庄、後鎮排水

- 辦理新港鄉農地重劃

◀竣工後，西濱快
速公路朴子溪南
至布袋段。

▶嘉義市垃圾焚
化爐，幾經波
折，終於順利
完工。

◀1995年1月16日，省
府贈送各縣市衛生局
所汽機車並與衛生署
長張博雅共同檢閱基
層衛生人員。

▶1998年3月19日，訪視嘉義縣嘉邑
行善團造橋工程，陳明文省議員
陪同。

- 改善民雄鄉堆肥處理中心
- 興建省立嘉義啟智學校
- 完成嘉義市垃圾焚化爐
- 重建嘉義市立棒球場
- 遷建省立嘉義醫院
- 擴建省立朴子醫院醫療大樓
- 重建嘉義市衛生局及東區、西區衛生所、梅山鄉衛生所、阿里山鄉香林聯合衛生室
- 擴建鹿草鄉、新港鄉、民雄鄉、義竹鄉衛生所
- 完成平實乙村眷村改建
- 興闢嘉義市民族國、垂楊國小運動場地下停車場
- 興修建漁港 2 處
- 整建阿里山森林遊樂區
- 遷建嘉義酒廠
- 新建忠烈祠

重視基層醫療、讓第一線醫護更有力量

因為重視平衡城鄉差距，宋楚瑜是唯一一位到過每間省立醫院的省主席，在他任內臺灣省不僅每一縣市都有一間省立醫院；他進一步更新醫院設備，更親自敦請著名醫院院長與教授出任院長甄選的口試委員，而他自己也親自參與。在

他省長任內還與美國約翰・霍普金斯大學醫學院（JHUSOM）合作，遴選數十位省立醫院醫師前往受訓，取得醫院管理碩士學位，使得省立醫院有現代化的管理。

臺灣省有 338 鄉鎮市區衛生所，498 村里衛生室。宋楚瑜任內辦理 18 所省立醫療院改擴建工程及辦理衛生所重擴建計畫，成立 114 處群體醫療執業中心，提供原住民 、離島及偏遠地區民眾妥善的醫療服務。他要求省衛生處研訂吸引醫師的辦法，提高醫師的待遇，改善衛生所空間，充實衛生所醫療設備。原住民鄉及離島地區衛生所醫師可同時支領獎勵金與不開業獎金，而且興建宿舍供醫師住宿。

籌建省立嘉南療養院 500 床，雲林醫院荷包山分院 200 床，省立玉里醫院 2,300 床，擴大收治精神病患。

加強疫情監視，防範境外移入疫病之傳染，積極辦理霍亂、傷寒、痢疾、登革熱、肝炎防治與各種預防接種工作，推行三麻一風根除計畫，腸病毒防治、個人及家戶衛生工作。

推行省立醫院行政革新暨省立醫院首長經營責任制度，改擴（興）建醫院（舍）及偏遠地區設置分院，羅致優秀醫事人才，靈活用人方式，充實精密醫療儀器設備及病床統一化，以整潔亮麗之環境提供高品質之醫療服務。

強化緊急醫療系統、加強觀光遊憩緊急醫療服務、慢性復健醫療及兒童、老人醫療照顧，到鄉間提供婦女子宮頸癌檢查。

他更為每縣市衛生局所的醫療服務員，添購新的交通工

具，讓他們能深入鄉間到家戶為新生嬰兒注射預防針，為老年人提供醫療照顧，並查察有無傳染病。每年並在護士節表揚績優護士，他都親自頒獎表達對白衣天使的感謝！

■臺南

● 整建鯤鯓漁港

● 興建將軍鄉中心漁港、將軍漁港

● 闢建西濱快速道路

● 推動東西向臺南關廟線快速道路

● 闢建東西向北門玉井線快速道路

● 闢建臺 1、臺 3、臺 17、臺 19、臺 20、臺 21 線

● 改善永康交流道聯絡道

● 興建六甲聯絡道路、東山鄉行善橋子路

● 興修改善歸仁鄉、左鎮鄉、玉井鄉、南化鄉、關廟鄉、龍崎鄉、學甲鎮、六甲鄉、鹽水鎮農路

● 拓寬南 38 線、南 64 線、南 168 線、南 174 線、南 179 線、東山鄉東原道路、柳營鄉義士路及 1 號道路、173 線、178 線、181 線

● 興建將軍鄉馬沙溝鹽興橋、鹽水鎮嘉南 31 線洪水大橋

● 拓寬整建 177 線麻善大橋／佳里鎮忠孝路北側水圳橋／山上鄉千鳥橋

▶1993年11月1日，
臺南南化水庫竣
工典禮。

◀臺南南化水庫全
貌。

▶1998年4月16日，宋
省長訪臺南南化水
庫，他撥近百億元鉅
款，完成運水管線工
程，俾自南化水庫每
日調撥100萬噸乾淨
水源至高雄市作為市
民飲用自來水，他並
不時親自視察追蹤。

▲北門玉井線1998年7月完工通車，成為臺灣12條東西向快速道路完工通車的第一條，為臺灣交通網路建設開啟新頁。

▶1994年4月28日，主持臺南市實踐三村動土典禮，由市長施治明陪同。

◀1994年9月28日，宋楚瑜在臺南孔廟主持祭孔典禮。每年教師節，他都依中國傳統古禮在清晨5時，親自主持。

◀在口蹄疫病死豬
掩埋場豎立標示
牌，並噴灑藥劑
消毒。

▶防疫人員協助豬
場及外圍消毒工
作（苗栗）。

◀對染病豬隻以焚
化爐焚燒處理
（嘉義市）。

- 興建南化水庫
- 推動臺南運河整體整治計畫
- 新建烏山頭進水場至義竹加壓站幹管工程
- 改善關廟鄉布袋村自來水大管排設、北門鄉自來水系統
- 改善仁德鄉成功、仁德、保安地區／學甲鎮美豐里、美和里、營後／西港鄉營西／北門鄉仁里村、慈安村、三光村社區／鹽水鎮岸內、田寮／新市鄉豐華村排水工程
- 整治急水溪、大內鄉其仔瓦濁水坑野溪

◀設置路口口蹄疫檢疫站（宜蘭）。

▶口蹄疫情迅速處理結束後，1997年4月21日，省長在農林廳副廳長戴謙、省議員林淵熙陪同下，到屏東縣萬巒鄉參觀豬腳製作過程，並呼籲國人安心食用肉製品。

- 清除白河鎮白河水庫泥沙淤積
- 批撥 4 百億專款補辦永康都市計畫保留地徵收
- 興建永康大排抽水站，改善永康淹水問題
- 興建龍崎鄉牛埔溪防砂壩、六甲鄉鹿陶坑三號防砂壩、玉峰堰、曾文溪大內鄉段堤防
- 改善後壁鄉後壁大排及急水溪堤防
- 整治急水溪、鹽水溪下游河段、歸仁鄉七甲村土庫溝上游段
- 改善新化鎮虎頭溪、玉井排水上游段／麻豆鄉總爺、東北勢、北大山腳小排、鹽埕中排／將軍鄉山子腳大排／北門鄉頭港／山上鄉大坑口至大潭橋／新市鄉社內圍堤及橋頭／安定鄉中洲下排一下游段排水
- 興建肥料倉庫
- 新建省立嘉南療養院
- 興建省立新營醫院北門分院
- 擴建省立臺南醫院醫療大樓
- 重建臺南縣衛生局、南區、安南區衛生所
- 擴建左鎮鄉、柳營鄉衛生所
- 興建臺南女中綜合體育館
- 整修市立棒球場
- 辦理實踐三村、果貿二村、大林新城、大道新村、大鵬八村、四維新村等改建工程
- 興建臺南市焚化爐
- 整修臺南市二、三級古蹟
- 開發建設關仔嶺溫泉風景區

▲臺南四草紅樹林。在宋楚瑜主政下，省政府積極辦理臺灣沿海地區海岸林造林更新計畫，臺南四草成為全臺紅樹林種類數量之冠。

▲台南市城西里垃圾焚化廠全景

64

▲臺南市垃圾焚化爐，完工運轉。

▲1997年3月30日，省長訪視臺南口蹄疫豬隻掩埋場。

■高雄（原高雄縣）

- 推動東西向高雄潮州線快速道路

- 辦理臺 1、臺 3、臺 17、臺 19、臺 20、臺 21 及臺 27 線工程

- 新建田寮鄉大同村提來水泥橋、七星村牛路水泥橋、岡安橋／杉林鄉月美村、月眉村、內寮河上橋梁

- 拓寬修復六龜鄉興龍村東溪、萬大大橋／大樹鄉里嶺大橋／桃源鄉梅蘭吊橋

- 闢建杉林鄉日月光隧道

- 拓寬改善 132、184、186、177 縣道、高 14、高 38、高 39、高 40 線道路、桃源鄉美蘭道路

- 完成高屏鐵路電氣化

- 興建坪頂淨水廠

- 阿公店水庫更新

- 興辦南化水庫二期越域引水

- 南化水庫引水工程嘉惠高雄市民

- 改善六龜鄉紅水坑地區自來水問題

- 杉林鄉集來村全興社區設自水加壓站

- 協助完成左營自來水工程

- 興建高屏溪下游自來水工程

- 高雄近郊汙水下水道系統工程

- 專案改善高雄地區自來水質（工業及民生用水分離）

▶1994年8月17日，訪
　視岡山追蹤考核抽水
　站設施。

◀1994年省主席巡視高屏
　水災。

▶1994年8月6日，高雄
　縣岡山鎮水災，積水數
　日不退，縣長余政憲陪
　同勘災救難，事後宋楚
　瑜籌措近百億經費整治
　阿公店溪及設置抽水
　站，根治水患。

- 改善美濃鎮福安里排水系統

- 興建廢水處理場

- 興建高屏溪攔河堰、杉林鄉林松村松林大橋兩側堤防、內門鄉瑞山田乾防砂壩、旗山鎮溪洲堤防、梓官鄉海堤

- 整治杉林鄉茄苳湖、枋寮溪堤防、梓官鄉蚵子寮漁港防波堤

- 整治美濃溪、二仁溪／大樹鄉龍目坑野溪／旗山鎮五鹿坑野溪、阿公店溪／梓官鄉典寶溪、土庫溪

- 改善茂林鄉萬山村、三民鄉民權村防災設施

- 改善美濃鎮美濃、中正湖、竹仔門／阿蓮鄉土庫橋九關、大埤／大樹鄉大坑、牛婆坑、龍目村／大社鄉中圳溪、大社村、外埔／三民鄉那都魯圳／梓官鄉大舍村排水

- 設立寶來國中桃源分部

- 擴建省立旗山醫院

- 改建黃埔一村、四維二村眷村

- 興建梓官鄉漁會冷藏庫

- 興修建漁港 9 處

- 重建美濃鎮、鳳山市、田寮鄉、大社鄉、茄萣鄉、彌陀鄉、甲仙鄉、燕巢鄉等衛生所

- 推動茄萣海濱遊樂園計畫

救災分秒必爭　總在第一時間抵達現場

　　救災救難絕對急如星火，要趕快出手，後到不如先到。但救災，不光是救難人員打前鋒，所有的救難體系與資源運作，有賴強而有力的領導。

　　宋楚瑜領導的省府工作團隊就曾被形容是「比快的團隊」，而且也是「比苦的團隊」。為了做事情，讓民眾感受到政府的存在，他們通常是「爭先恐後」、「吃苦耐勞」，寧願是「大牛不惜力」，唯恐事情不能讓省民滿意。因為他們領導者的動作，可能比他們更快速、更能吃苦。政府能吃苦，民眾比較不受苦，政府不吃苦，民眾就受苦了。他常勉勵省府同仁，「官員吃得苦中苦，百姓方為人上人」。

　　宋楚瑜任內不乏有天災與人禍，但每每在災難來臨時，他總是第一時間抵達災難現場，同時指揮團隊，而能有效率的、按部就班的妥處善後，將損失與民怨降至最低。而他知道要確實加以檢討整合，建立制度性的防災救災作為，所以在災難結束時，就會為此留下可供後人參考的資訊，如《賀伯颱風紀實》、《臺灣省處理豬隻口蹄疫紀實錄》等，期前事不忘，後事之師。

■屏東

- 闢建東西向高雄潮州線快速道路
- 完成高屏鐵路電氣化
- 辦理臺1、臺3、臺9、臺24及臺27線工程
- 闢建萬丹鄉寶厝村大廟前八米道路
- 拓寬改善屏50線、101、169、187、189線枋寮鄉中華路、琉球鄉環島公路、麟洛鄉民族路與中華路
- 興建滿洲鄉里德大橋
- 拓寬改善高屏大橋、里嶺大橋、高美大橋、東港鎮進德大橋、萬巒鄉萬峰橋、隴西橋及九如鄉九如橋
- 興辦牡丹水庫下游自來水工程
- 新園鄉農地鹽化地區興建供水系統
- 興建完成牡丹水庫
- 興建佳冬鄉鹽豐村離岸堤防、里港鄉隘寮溪里港堤防、東港鄉東港溪海堤
- 整建改善崁頂中洲堤防、東港鎮嘉蓮海堤、九如鄉九如堤防
- 規劃推動高屏溪整治方案
- 整治南洲鄉溪洲溪、新埤鄉萬隆野溪、萬巒鄉佳平溪、東港鎮牛埔溪
- 改善內埔鄉大新至建吳、興南橋上游／枋寮鄉北勢溪／萬巒鄉武潭溪、佳平溪／麟洛鄉隘寮溪支線、大湖圳支線／九如鄉九

◀1993年9月10日，訪視屏東獅子鄉探望原住民學童並巡查學童宿舍設施，他是歷年來第一位到獅子鄉探視的省主席。

◀1996年2月7日，省長主持屏東牡丹水庫通水典禮。

▶1998年8月18日，主持屏東琉球鄉衛生所新建大樓落成啟用典禮。

◀▼1993年5月7日，
　　宋楚瑜伉儷由當時
　　縣長蘇貞昌陪同到
　　屏東大武鄉參加豐
　　年祭慶典。

▶宋主席與屏東縣長
　蘇嘉全、臺東縣長
　陳建年與原住民可
　愛的兒童合影。

塊圳第一大排、後庄玉泉排水

● 改建崇仁新村眷村

● 擴建改善東港漁港、枋寮漁港、琉球鄉白沙尾漁港

● 整建小琉球直升機停機坪

● 重建屏東市仁愛國小

● 興建省立屏東醫院恆春分院

● 設置滿洲鄉牧草乾燥機

● 重建屏東縣衛生局

● 重建大武、麟洛、萬丹、車城、枋寮、琉球等鄉衛生所

● 興建東琉球線公營交通船

所有的政治都該照顧基層

　　環繞臺灣的海岸線有 1 千多公里、密布大小漁港 380 個。宋楚瑜幾乎到過每個漁港，除整建漁港與碼頭環境也添置設備、協調增設加油站，改善並增設漁港製冰設備、補助漁民保險跟漁業用油等。因為，遍訪漁村讓他知道漁民的甘苦與心聲。

　　不只本島漁港，宋楚瑜常到離島。琉球鄉是屏東外海小島，只有 1 萬 2 千多人，島上沒有加油站，漁民得到東港或高雄加油；沒醫院，看病也無公設交通船；環島公路不周全，島上有車，但汽車儲油都放在家裡十分危險。宋楚瑜數度親

赴琉球，一一協調解決上述問題。

事實上，對於漁民的協助部分，具體的作法有：廢止漁船進出港信號申請及寄港手續，停辦漁船船籍證書申請，停收 20 至 100 噸漁船漁業證照費及設置漁港管理所從漁政、警政一元化作業，簡化漁民申請手續，加速漁船進出港通關作業、補助漁民的信號彈與中油協調增建小琉球加油站；並從 1995 年 4 月起，省政府為出海作業漁民投保海上作業平安險，每人新臺幣 30 萬元，後提高為 60 萬元，保費全數由省政府負擔。除此，在漁業的相關政績有：

- 修建漁港 115 處；設置漁業資源保育區 26 處，保育水域達 5,700 公頃，設立人工魚礁區及保護礁區 143 處，投放人工魚礁 16 萬座，以增加仔稚魚苗哺育棲息場所，又籌設栽培漁業中心 3 處，實施魚貝介類種苗放流七千萬尾。
- 建立臺灣地區 12 處漁業通訊電臺網點及海上救援系統，並辦理求生、滅火、急救、操艇等訓練。
- 養殖漁業地下水抽用量由 1991 年的每年約 23 億立方公尺，減少至 1996 年每年 9 億多立方公尺，有效減少養殖漁業對地下水的依賴。
- 動用經費 90 億 8 千萬元新建防波堤、加強防波堤、新闢及擴建泊地、改建碼頭，便利漁船停泊、補給、售魚、避風。

人民的小事，就是政府的大事！

■宜蘭

- 闢建冬山、三星鄉垃圾掩埋場
- 興建烏石港漁貨直銷中心
- 完成北迴鐵路擴建雙軌
- 辦理東部鐵路重軌化、電氣化
- 烏石港興建工程
- 興建蘇澳南興碼頭
- 粉鳥林漁港新建計畫
- 辦理臺2、臺7、臺9線
- 拓寬蘭陽大橋
- 興建泰雅大橋、南方澳大橋
- 改建岳飛新村眷村
- 擴建省立宜蘭醫院醫療大樓
- 重建冬山鄉衛生所
- 辦理蘭陽地區治山防災計畫
- 整治十一股溪、十三股排水、美福大排
- 整建蘭陽溪紅柴林堤防工程
- 興建員山鄉粗坑溪攔河堰
- 專案辦理五結鄉烏腳病區供水改善工程
- 整修改善農路
- 興修建漁港8處

◀1994年1月20日，主席訪
視宜蘭北迴鐵路蘇澳車站
整建進度。

▶1994年8月10日，宋
楚瑜訪視任內重要工
程建設──北宜雪山
隧道進度，該工程打
通新北、宜蘭交通重
要任督二脈，縮短城
鄉差距。

◀1994年12月22日，
省長由縣長游錫堃陪
同訪視宜蘭蘇澳學校
災情。

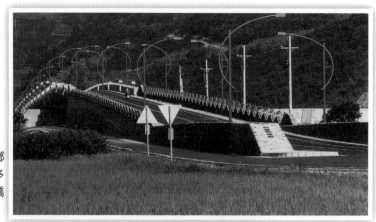

▶宜蘭縣大同鄉
原住民期盼多
年的泰雅大橋
竣工。

◀宜蘭三星鄉的蔥
是「一鄉一特
產」的標竿。

▶1996年10月11
日，省長由副省
長賴英照、農林
廳長陳武雄和縣
長游錫堃陪同訪
宜蘭並參觀園藝
花卉展示。

- 設置福山植物園
- 開發三星鄉長埤湖風景區
- 推動太平山森林遊樂區開發
- 改善冬山河親水公園遊憩設施
- 興建員山公園等 11 處公園

■花蓮

- 完成北迴鐵路擴建雙軌
- 東部鐵路重軌化、電氣化
- 改善臺 9 線壽豐平交道
- 擴建花蓮港
- 中橫公路改善
- 闢建東華大學聯外道路、1 號路、28 號路
- 辦理臺 8、臺 9、臺 9 丙、臺 11 線
- 修復改善秀林鄉西寶村聯外道路／卓溪鄉卓溪農路／萬榮鄉晴道路、紅葉村道路／豐濱鄉瑞港公路
- 改善壽豐平交道
- 興建玉長大橋、玉里鎮觀音里高寮竹林大橋／花蓮市臺九線大濁水橋、力霸溪大橋／富里鄉長富大橋
- 重建富里鄉馬加路橋
- 解決卓溪鄉、富里鄉自來水供水問題

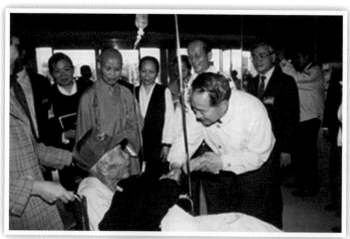

1994年11月19日，在王慶豐縣長陪同下拜訪證嚴法師並慰問慈濟醫院院內病患。

1997年3月6日，省長視察蘇花公路全線路況。

1998年6月12日，省長主持花蓮玉里長濱公路開工。

◀1998年7月24
日，主持花蓮
縣南區（玉
里、富里、卓
溪）自來水通
水典禮，並親
嚐通水後的自
來水品質。

213

- 改善秀林鄉洛韶、瑞穗鄉、豐濱鄉居民飲水設施

- 辦理東部治山防災計畫

- 辦理鳳林鎮鳳義坑集水區坡地治理

- 改善卓溪鄉立山村、萬榮鄉西林村防災設施

- 興建美崙溪攔河堰、吉安溪大昌慶峰堤防、秀姑巒溪南良堤防、南濱海堤、萬榮鄉紅葉溪萬榮及西林堤防、鳳林鎮鳳林溪下游堤防

- 整修吉安鄉南濱堤防、初英二號堤防

- 整治玉里鎮安通溪、苓雅溪美崙溪、吉安溪

▲臺11線。

◀北迴鐵路。

- 改善光復鄉南富圳支線、富田三角埤、大農村尾排水／吉安鄉林園、聯合／卓溪鄉古風／富里鄉永豐圳、竹田圳、羅山圳、秋林圳幹線／新城鄉北埔圳支線／瑞穗鄉鶴岡／壽豐鄉白鮑溪、樹湖溪排水
- 設立省立光復商工
- 籌建省立花蓮啟智學校
- 設立省立花蓮醫院豐濱分院
- 興建省立玉里醫院及祥和復健園區
- 興建玉里養護所溪口復健園區
- 重建花蓮縣衛生局、花蓮市衛生所
- 完成凌雲四村眷村改建

宋省長的鐵路建設

　　臺灣的第一條鐵路是在 1887 年（清光緒 13 年 6 月）由首任巡撫劉銘傳在臺北大稻埕開工，為臺北到基隆路段。蔣經國先生主政時，進一步將西部鐵路電氣化，並興築完成環島鐵路網的北迴鐵路。

　　宋楚瑜在省長任內，鐵路建設投資 400 餘億元，完成了北迴鐵路擴建雙軌、高屏鐵路電氣化工程以及施工艱難的「宜蘭段、苗栗至臺中段山線」雙向通車，並新購 810 輛車廂更換老舊車廂、連線景觀美化 350 公里、改善平交道 777 處、立

體化 33 座、設光纖通訊系統 285 公里，同時讓購票系統語音化。他也特別照顧關心鐵路員工的福祉和工作條件。

讓鐵路串聯臺灣偏遠城鎮，動起來！給民眾安全、便捷的大眾運輸工具，也縮短城鄉差距。

■ 臺東

- 完成南迴鐵路通車
- 辦理東部鐵路重軌化、電氣化
- 擴建蘭嶼鄉環島道路、綠島鄉中寮聯外道路
- 辦理臺 9、臺 11、臺 20、臺 23 線
- 闢建臺東市外環道路 (臺 11 乙)、特 2 號、112 號、197 號道路、大武鄉大鳥聯外道路
- 興建綠島酬勤水庫
- 興建海瑞鄉加拿圳
- 汰換改善成功鎮、延平鄉、蘭嶼鄉自來水管線
- 辦理東部治山防災計畫
- 改善延平鄉鸞山村、達仁鄉南田村防災設施
- 整治卑南大圳、太平溪／太麻里鄉金崙溪、大竹高溪／海端鄉愛沙卡野溪／關山鎮楠溪
- 興建綠島流麻溝攔河堰、太麻里溪下游堤防、達仁鄉堤防
- 興修金峰鄉嘉蘭橋防護及延長堤防

▶宋楚瑜在公路局長陳世圮
（右一）及縣長陳建年（左
一）陪同下，親自至臺東
山區為東部新公路定線。

◀1994年5月18
日，訪視臺東長
濱漁港。

▶1994年9月7日，
蘭嶼原住民為海
砂屋問題到省府
請願，之後省長
親自到蘭嶼5次，
一一解決問題並
完成環島公路。

◀1996年省長訪視
臺東縣阿尼色弗
兒童之家。

▶1996年12月4
日,省長訪視臺
東農工。

◀1997年4月2日,
省長參加臺東布
農族打耳祭。

天道酬勤：2020宋楚瑜參選紀實

- 改善志航機場排水系統、成功鎮地下排水系統

- 辦理長濱鄉城仔埔整流工程

- 擴建大武漁港、新港漁港、長濱漁港

- 興建綠島鄉南寮漁港交通船碼頭

- 協助興建鹿野鄉簡易梅李加工廠

- 重建紅葉國小、長濱國中宿舍

- 興建省立臺東醫院成功分院

- 興建省立臺東醫院關山分院

- 擴建省立臺東醫院

- 重建大武鄉、綠島鄉衛生所

- 馬蘭榮家附設慎修養護中心公辦民營

- 興建原住民文化館

他們也是臺灣省民

　　臺灣省有 30 個原住民山地鄉，25 個原住民平地鄉。宋楚瑜主持省政期間走過每個原鄉與部落，關心他們的居住環境、衛生照顧及教育、就業等問題。

　　宋楚瑜對原住民的照護，至今仍為族人所津津樂道。包括水源的改善、教育、醫療、交通等建設。具體的作為有：

　　一、因應其經濟事業發展需要，籌妥基金 20 億元供為低利貸款循環運用，計貸放 1,600 件，金額高達 15 億元，對原

住民地區產業發展提供實質上的幫助。

二、對原住民鄉主要道路系統編列經費 50 億 3 千萬元，完成新闢 43.22 公里，完成改善 54.95 公里，完成率 46.33％。另完成整建村落道路 546 公里。

三、自來水改善編列 5 億 2 千萬元，完成改善 171 村落飲水設施。

四、興建原住民多功能活動中心 113 棟，經費 43 億元。

五、原住民聚落生活環境及防災設施改善，每年 3 億元，共計 18 億元，完成聚落環境改善 213 村落，防災設施改善 126 村落。

六、輔導原住民保留地共同合作委託經營辦理 11 鄉 24 處，增編原住民保留地 3,900 餘公頃，收回土地造林 122 公頃，完成土地管理電腦化 12 個縣政府 13 個原住民鄉公所安裝電腦週邊設備。

他常提醒同仁，政府不能因為原住民人口數不及 2% 而有差別待遇。原住民朋友也暱稱宋為「大頭目」。

■ 澎湖

- 拓寬澎湖 1、2、3、4 號縣道
- 改善望安鄉、七美鄉環島公路 34 號道路、望安鄉將軍島沿海公路

- 整修七美鄉南港村村里道路

- 改建跨海大橋

- 檢修自來水底管線

- 加強各水庫淤積清除

- 規劃隘門地下水庫

▲澎湖縣道拓寬後的景觀。

▲澎湖跨海大橋改建竣工後的雄姿，宋楚瑜指示保留最初建橋總統蔣中正先生的
　題名字樣。

- 改善七美鄉七美水庫

- 興建海水淡化廠

- 改善望安鄉花嶼飲水問題

- 整治西安水庫引水道

- 改善湖西鄉林投大排水、隘門大排水、湖西大排水、東石排水、太武（村後溝）排水、城北排水、湖東排水

- 整建西嶼鄉池東村海堤／望安鄉花嶼海堤／七美鄉北岸及西岸二段海堤

- 興建馬公市風櫃海堤、虎井海堤／白沙鄉大倉海堤

- 整建望安鄉花嶼、將軍、東嶼坪等海港

- 修建馬公市岸山漁港／西嶼鄉內垵、外垵、小門、竹灣／七美鄉七美漁港／白沙鄉鳥嶼、後寮、吉貝、赤崁、員貝漁港／湖西鄉尖山北寮、龍行漁港

- 興建馬公市建虎井、蒔裡、烏崁、馬公、山水、風櫃、桶盤／湖西鄉西溪漁港

- 加強建設馬公市金龍頭碼頭

- 補助興建白沙鄉船塢

- 協助白沙鄉中屯村設置船澳

- 興建西嶼國中體育館

- 補助興建西嶼鄉竹灣活動中心、太池活動中心

- 改善西嶼鄉、望安鄉老人活動中心公共設施

- 興建白沙鄉鳥嶼村垃圾衛生掩埋場等 13 處

◀1994年9月22日，
　宋楚瑜主持澎湖
　海水淡化廠破土
　開工典禮。

▶澎湖興仁水庫。

◀1994年7月28日，訪視澎
　湖協助解決缺水問題。

▶1995年12月7日，訪視澎湖縣
登上漁船了解漁民作業辛苦。

▶1998年6月4日，偕同澎
湖縣長賴峰偉（右一）
訪視澎湖漁港與補漁網
民眾話家常。

◀宋楚瑜至漁市場，實地了解
漁民漁獲問題。

- 興建馬公市縣府前廣場地下停車場、中正國小操場地下停車場
- 興建望安鄉東恩村公共停車場
- 整修交通船益安號
- 補助建造馬公至七美交通船
- 改建七美鄉衛生所
- 興建澎湖水族館
- 修護西嶼鄉二崁陳宅古蹟
- 補助開發蘆竹海湖濱海遊憩區

▲澎湖造林後的美貌。澎湖地區因乾旱少雨，每年有高達6個月的強勁東北季風，使得造林很有難度，在宋省長的關切指示下，給予相當資源支持，省府林務局局長何偉真認真落實，擴大育苗及造林的工作，使得綠化工作展現具體成效，不懂改善視覺景觀，更提昇土地利用價值與澎湖觀光及產業發展。

力推澎湖建設

澎湖是臺灣省唯一沒有省道的縣，澎湖縣每年預算有限，無力負擔道路拓寬經費。因此，宋楚瑜下令將澎湖縣全線道路交由省公路局，依省道標準拓寬並接管養護。他的理由是──縮短城鄉差距、離島鄉親不是二等省民！

「澎湖鄉親沒水喝，宋楚瑜就不喝水！」1994 年澎湖發生嚴重缺水危機，宋楚瑜積極協調臺澎輪緊急輪運水，並說服軍方運補時加壓艙水提供水源；最緊急時更撥數千萬元租國際巨輪及時運水。並在其省長任內籌蓋完成海水淡化廠，並在乾旱期間疏濬成功水庫，擴大蓄水量以徹底解決澎湖缺水問題。重視綠化造林，使得澎湖生態景觀大為改善。

宋楚瑜在省政府服務的 69 個月裡每個月至少去澎湖一次，親自了解澎湖地區民眾的需要，清代臺灣巡撫劉銘傳提及澎湖即云：「澎湖一非獨全臺門戶，實亦南北洋關鍵要區，守臺必先守澎，保南北洋亦必須以澎廈為鑰匙」。因此，喜愛讀歷史的宋楚瑜，從此知悉，要保臺灣，要先保澎湖，要守住澎湖，就要深得縣民的心，所以他對澎湖的建設，特別注意、關心；從水、交通、醫療、教育、漁、農民照顧與綠化環境⋯⋯等資源配置與建設，莫不親力親為，不因離島而與臺灣本島有所分別。他很自豪地說，他是臺灣省歷任省主席中，唯一去過澎湖 64 個大小島嶼的省主席，只要有人住的地方，他都去過，不是去觀光，而是為了解決民生問題。

宋省長（含主席）任內訪視各縣市次數

（1993 年 3 月 20 日 -1998 年 12 月 20 日）

縣市	次數	縣市	次數
基隆市	81	嘉義縣	116
臺北縣（新北市）	172	嘉義市	78
桃園縣	122	臺南市	96
新竹縣	73	臺南縣	126
新竹市	74	高雄縣	138
苗栗縣	83	屏東縣	111
臺中市	233	臺東縣	62
臺中縣	128	花蓮縣	71
南投縣	152	宜蘭縣	92
彰化縣	128	澎湖縣	74
雲林縣	106		

註：1. 汽車 250,496 公里；火車 5,431 公里；舟船 1,156 公里

　　合計：257,083 公里

　　*257,083 ／ 40,075.129=6.415 圈（繞地球圈數）（＊僅供參考）

2. 飛機 509 架次；直昇機 291 架次＊＊　　合計：800 架次

　　＊＊宋楚瑜到省政府服務後，他搭坐直昇機 291 架次，驚險迫降過 4 次。為了救災，山路全斷了，也只有搭乘直升機進去現場，常常是勉強降落，十分險惡。他心繫災民、心繫省民，每一個月都要到每一縣市，每年也要到每一個鄉鎮，因此到過最少次數的鄉鎮也有 5 次，親自督導，勘察工程、追踪、考核，也鼓勵基層辛勞工作的同仁。為了省民，為趕時間爭取更多服務人民的時間，這就是他選擇冒險搭乘高風險單引擎直昇機的原因所在。

▶1995年9月5日，宋楚瑜在臺中縣長廖了以陪同下，搭乘直昇機訪視和平鄉山區學校。

宋省長（含主席）任內訪視各地使用火車行駛公里一覽表

82.03.20—82.12.31		無搭乘
83.01.01—83.12.31	5 次	1,499.1 公里
84.01.01—84.12.3	3 次	246.2 公里
85.01.01—85.12.31	9 次	1,003.2 公里
86.01.01—86.12.31	5 次	620.8 公里
87.01.01—87.12.20	1 次	2,062.0 公里

總計：**5,431.3 公里**

宋省長（含主席）任內訪視各地使用舟船行駛公里一覽表

（1 海浬 =1.852 公里）

82.03.20—82.12.31	無使用
83.01.01—83.12.31	64 海浬
84.01.01—84.12.31	173 海浬
85.01.01—85.12.31	108 海浬
86.01.01—86.12.31	195 海浬
87.01.01—87.12.20	84 海浬

總計：**624 海浬 =1,155.648 公里**

◀1993年11月24日，宋楚瑜搭乘 Beach 12人座行政專機，至花蓮縣訪視考察當年12月舉行的縣市長選舉選務籌辦情況。因為宋楚瑜搭乘行政專機次數最多，因此和許多空軍將領建立深厚情誼。圖為當時在花蓮基地，接機者為聯隊長陳肇敏中將（後任空軍總司令、國防部部長）。

國際視野
讓臺灣走出去

數十載戮力公職，且始終維持一定高度。

宋楚瑜結識的國際政要名流，可謂冠蓋雲集。

這些往來酬酢，不僅累積情誼，也有助拓展臺灣的國際腳步；更擴大了心胸與視野，而能從更廣的角度，審視臺灣走向國際化。

他特別提到，在立足臺灣的同時，我們必須更了解中國大陸、日本及美國。廣結善緣，得道多助，堅持中有彈性，彈性中有原則。

宋楚瑜兩岸和平發展工作事務歷練

宋楚瑜從小喜愛讀歷史，愛看章回小說，高中之前看完《三國演義》、《東周列國志》、《水滸傳》、《西遊記》、《隋唐演義》、《封神榜》、《薛仁貴征東》、《楊家將》、《紅樓夢》、《聊齋誌異》、《唐祝文周四傑傳》、《精忠岳傳》等，對中國歷史及民間的人物、常能如數家珍，對故事情節，也能知之甚詳。在大學時期，尤其對中國通史、中國外交史更是用心研修，成績亮麗。

留學美國唸書，在極富盛名的加州大學柏克萊分校，不僅由美國著名中共研究專家施伯樂（Robert Anthony Scalapino）、謝偉思（John Service）、詹森（Chalmers Johnson）、湯森（James Townsend）親自指點，並在該校中國研究中心圖書館打工，擔任圖書館助理三年，得緣翻閱接觸 10 萬冊中共圖書及大陸出版各種報刊雜誌，更因擔任

研究助理，曾仔細查閱近20年（1949-1968年）每一頁《人民日報》，研究共產中國的外交政策。

後又參與協助美國學者出版《紅旗飄飄研究指南》，詳細查閱從中共十大元帥及高級軍事將領回憶錄中，了解中共武裝鬥爭解放戰爭中的戰略及戰術思維，尤其對毛澤東重要著作均曾專研。接續攻讀博士學位時，在美京華盛頓喬治城大學，因緣際會，半工半讀在福特基金會成立的中國研究資料中心獲得職位，得緣接觸更多研究中共資料，並能在四年中於美國國會圖書館中文書籍典藏書庫自由進出，接觸查閱第一手中共研究資料。重要成就包括：

1. 署名撰寫出版《美國國會圖書館庋藏中國資料微捲目錄》，其中有相當多中共出版的圖書與雜誌等資料，此書後也為美國各大圖書館收藏。

2. 1973年在獲得首次於美國出現全套大陸出版的《全國新書目》、《全國總書目》數十巨冊後研究整理，在美國一流研究亞洲問題的學刊《亞洲研究季刊》（*Journal of Asian Studies*）發表英文論文以 "Chinese Publications in Early 1973" 為題，研究中共文化大革命後1973年恢復出版情形，分就哲學、法政、經濟、歷史、地理、語文、文化、美術、醫學、自然科學等並加以分析，時年31歲。

3. 也因為在資料中心工作，又第一手接觸專研文化大革命時期，由美國情報及學術界蒐集全面數千件各地紅衛兵大字報及相關資料，撰寫介紹提供歐、美、日研究機關採購研究。

4. 文革期間最重要中共政論刊物《紅旗》雜誌（共出版 207 期，1456 篇專文），99％均為美國及香港研究機關翻成英文，宋楚瑜閱讀每一篇專文，同時對每一篇的作者、人名、英文題名、在哪裡可以找到英文翻譯，均加以評註，並撰寫長文分析，出版 *The Red Flag〔Hung-ch'i〕1958-1968: A Research Guide*，由美國研究圖書館協會出版，為世界各大研究中共的圖書館購買收藏，這是宋楚瑜第一本英文著作，時年 27 歲。

宋楚瑜對中共執政後的中國大陸，方方面面的了解，就在那 9 年（1965 至 1974 年）的留美期間，奠定了厚實的學術基礎。

宋楚瑜學成歸國後，擔任政府要職及政黨領袖期間，多次參與兩岸間重大事務之決策，包括：

1. 1986 年 5 月，在蔣經國總統授意下，參與協助執行處理華航劫機（王錫爵）事件，在當時三不政策下（不接觸、不談判、不妥協），秉持「堅持中有彈性，彈性中有原則」，開啟兩岸首次談判成功先例，成功迎回貨機及機上組員。

2. 在李登輝總統執政早期，與時任國安局局長宋心濂共同研擬《國統綱領》。

3. 出任國民黨大陸工作指導小組召集人，每週主持黨政兩岸問題政策協調，參與單位有陸委會主委施啟揚、國安局長宋心濂、總統府副秘書長邱進益及海基會秘書長陳長文等，整合黨政軍情兩岸當即應處理之事件，作成決策。

4. 參與李登輝總統主持之辜汪會談決策討論，賡續為兩岸協商進言。

5. 1989 年 5 月財政部長郭婉容赴大陸參加亞洲開發銀行（ADB）在北京召開的年會，行前提供資訊服務。這是 1949 年後，臺灣首次有現任部長官員到北京，參加國際活動。

▲▶2005年與中共總書記胡錦濤會見於人民大會堂。

　　6. 2005 年 2 月就兩岸和解與陳水扁總統簽署 10 項共同聲明，同年 5 月進行搭橋之旅，率親民黨大陸訪問團訪問北京，與胡錦濤總書記共同發表《胡宋公報》，表達臺灣人民對兩岸和平的心聲，緩和當時一觸即發的兩岸衝突危機。

　　7. 2014 年與習近平總書記會談，提出「四個認識與體諒」的見解，內容包括：（1）認識與體諒臺灣人民的臺灣意識；（2）認識與體諒兩岸政治社會制度的差異；（3）認識與體諒臺灣人民對經濟自主的渴望；（4）認識與體諒臺灣多元社會的本質。

▲2014年與中共總書記習近平會見於北京人民大會堂。

◀▲2005年5月6日搭橋之旅訪問大陸，宋楚瑜主動表示第一站要先到陝西祭黃陵，其實在省政府服務期間，每年4月他都會率領省府同仁遙祭黃陵，從未或忘慎終追遠，他也是自1949年以來，首位臺灣政治人物親自祭黃帝陵者。

祭 黃帝陵文

維

中華民國九十四年五月六日，歲序乙酉，旭陽送暖，榴花照眼：華夏錦繡，萬水千山。親民黨主席宋楚瑜偕訪問團全體成員，懷赤誠之心，奉俎豆之儀，告奠於中華民族始祖黃帝之陵曰：

吾祖峻德，萬古流芳；平定荒漠，舉世稱觴。訂律設制，立五千年不拔之根基；造車指南，辨兆萬民不易之方向。功垂千古，名揚萬邦；造福生民，益發其祥。今值兩岸，協力互惠之際；仰祈靈佑，天道酬勤之德。錫福策勉：兄弟扶持成大業，廿一世紀振八荒；炎黃子孫不忘本，兩岸和平一家親。益茲激勵：山岳巍巍，河海蕩蕩，緬懷祖德，永矢弗忘！掬誠告奠，伏祈靈鑑！

親民黨主席宋楚瑜率訪問團全體團員謹奠

▶2005年5月7日，宋楚瑜率親民黨代表團，至南京中山陵謁陵，向孫中山先生致敬。

235

海外存知己 天涯若比鄰

　　因為臺日斷交（1972年）後，宋楚瑜（擔任新聞局局長後）就負起與日本往來的重要任務。他在留美期間的兩位老師施伯樂（Robert Anthony Scalapino）及詹森（Chalmers A. Johnson）都是美國研究日本傑出的專家，名師出高徒，指導宋研讀日本歷史及現代化的重要著作，因此對日本就有很深的認識。宋楚瑜著手進行所謂的「直銷外交」（主動出擊與日方媒體接觸），在數年間有計畫地走遍日本四大島中的所有重要城市、演講、座談並接受訪問，包括《每日新聞》、《中日新聞》、《日本經濟新聞》、《大阪新聞》、九州《大分合同新聞》、《英文日本時報》（*The Japan Times*）、熊本《日日新聞》、《長崎新聞》、鹿兒島《南日本新聞》及《自由新聞》、廣島《中國新聞》、《北海道新聞》及仙臺《河北新報》等，也與這些日本重要的媒體《讀賣新聞》、《產經新聞》、《朝日新聞》與日本富士電視公司的負責人與高層，都建立了公交與私誼的關係。在與日本交往中，並結識日本政壇重要的人士，特別是數以百計的國會議員，並曾和現任或曾任日本首相的岸信介、佐藤榮作、福田赳夫、中曾根康弘、海部俊樹、宮澤喜一、細川護熙、羽田孜、小淵惠三、森喜朗、麻生太郎、菅直人與安倍晉三等13位見面或會談。

▲與何應欽將軍、岸信介首相（1985年訪臺時）。

▲1975年因蔣中正總統辭世，代表日本來弔慰的佐藤榮作首相。

▲1984年夏，中曾根康弘首相（右二）與宋楚瑜在日本輕井澤會面，右一為
　日本富士電視公司負責人氏家齊一郎。

▲1989年9月在東京國際民主聯盟（International Democrat Union, IDU）與
　海部俊樹首相。

▲1993年與細川護熙（後任首相）初次於日本熊本縣見面，代表政府致贈臺北故宮所藏《四庫全書》全套複製本，給日本關西漢學重鎮熊本圖書館。

▲1999年與羽田孜首相會見並餐敘。

▲小淵惠三首相在擔任自民黨幹事長時來臺，接受宋楚瑜邀宴並親送有其名字的紀念品。

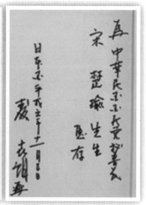

▲森喜朗首相親筆贈書。

◀麻生太郎首相。

▶2016年APEC臺日會談與安倍晉三首相會晤。

◀2017年再次與安倍
　晉三首相會談。

▶安倍首相夫婦親筆
　簽名致送2020新春
　賀卡。

涉及對美事務及國際經驗

宋楚瑜在政治大學外交系畢業後，即赴美繼續深造，到後來返臺又多次因公赴美訪問，足跡遍及美國 50 州，是少有曾在 50 州親自開過車的臺灣政治人物。對於美國的認識與了解，不是只從書本裡獲得，更有著一步一腳印的接觸與感情，同時獲得美國三個著名大學的博士學位（包括喬治城大學政治學博士、天主教大學榮譽博士與馬里蘭大學榮譽博士）。在擔任臺灣省省長時，也循著這樣實地到位的體察精神，足跡踏遍臺灣當時的 309 個鄉鎮。

自宋楚瑜出任行政院新聞局局長之後，歷任各種職務到擔任臺灣省省長期間，尤其對美、歐、中南美及日本等國的國際關係經營投入甚多心力且績效不斐。臺美斷交後出任新聞局局長的宋楚瑜，主管國際宣傳及對美關係，致力於增進和美國政要、參眾議員、政黨、地方政府的州長及州政府、重要智庫與學者直接聯繫關係，迄今他在各種不同場合曾和福特、雷根、老布希、柯林頓、小布希、歐巴馬及川普計 7 位美國總統，安格紐、洛克斐勒、奎爾及錢尼等副總統，以及季辛吉、海格、舒茲、克里斯多福、凱瑞和提勒森等多位國務卿都互動或會談過，也會適時表達並維護臺灣的價值與利益。

從擔任蔣經國先生英文秘書起，宋楚瑜即負責涉外文件及聯繫工作，特別是作為經國先生與美國大使的聯繫窗口，之後並兼任行政院對外工作小組執行秘書，該小組由外交部長沈昌煥、政務委員

周書楷擔任共同召集人，成員包括：經濟部長孫運璿、教育部長蔣彥士、僑委會委員長毛松年、新聞局長丁懋時，宋楚瑜是唯一幕僚，參與外交重大決策。而會後，宋楚瑜也會將會議決定作成紀錄，由蔣院長親批。

1978 年 12 月 16 日午夜，促成美國大使安克志向經國先生提前報告臺美關係有變，為臺灣爭取提前因應時間，精準預判臺美斷交，並在臺美斷交談判結束後，代表中華民國政府對中外記者發言，表現穩健前瞻。

擔任行政院新聞局長時，主持綜理國際宣傳事務，走遍新聞局所有駐外單位，從事新聞「直銷」，開拓臺灣國際能見度與交流，並負責對外發言及對歐外交工作。其他重要實績，包括：

1. 陪同行政院長孫運璿進行正式的外交訪問，計有：南非、沙烏地阿拉伯、巴拿馬、哥斯大黎加、多明尼加及新加坡等國，並主持新聞處理及對外發言工作。

2. 1980 年接受南非總統維容（Marais Viljoen）頒授好望角十字大綬勳章

3. 1982 年 9 月受邀訪問大韓民國並獲總理金湘浹親自頒授光化大綬勳章。

4. 1982 年獲選為艾森豪獎金得主訪美 3 個月，走遍美國 13 州 39 個城市，遍訪重要新聞媒體，並接受專訪。

5. 1982 年 3 月 19 日至 6 月 28 日，宋楚瑜以艾森豪獎金得主赴美國參觀訪問，過程中與恩師寇克派翠克（Jeane Duane

Kirkpatrick，時任美國駐聯合國大使）會談，敏感有事將要發生（即後來中美共同發表《八一七公報》），進而促成時為美國商人舒茲（George Shultz）訪臺，訪臺期間安排周到接待，除孫運璿院長親自邀多位部長與其早餐會報，並說服經國先生打破不會見商人的慣例，會見舒茲。在其返回美國 3 星期後，被任命發表為國務卿，進而使雷根總統對臺灣因《八一七公報》所受的衝擊，提出對臺「六項保證」。

6. 1989 年 4 月擔任李總統「特使」出訪菲律賓，並會見總統艾奎諾夫人，除表達臺灣人民對菲律賓風災災情的關切，並致贈 10 萬噸食米。

7. 1989 年赴國際民主聯盟（IDU）在東京舉辦的年會，並以〈中華民國的政治民主化〉（Political Democratization :The Case of The Republic of China on Taiwan）為題，發表英文演講。會中並結識日本首相海部俊樹、英國首相柴契爾（Margaret Thatcher）夫人、美國副總統奎爾（Dan Quayle）、法國總理席哈克（Jacques Chirac）及瑞典總理英瓦爾・卡爾松（Gösta Ingvar Carlsson）等各國重要領袖，並分別與他們會談，交換意見。

8. 1990-1991 年連兩年受美國福特前總統之邀參加 AEI 世界論壇，並以英文發表題為 "The Changing Nineties: An Era of Mutual Economic Adjustment"（變遷中的 1990：一個相互經濟調整的年代）演說，呼籲各國支持臺灣參與 GATT。會中結識國際政商重要人士，如：法國總統季斯卡：（Valéry Giscard d'Estaing）、西德前

總理施密特（Helmut Heinrich Waldemar Schmidt）、英國前首相卡拉漢（Leonard James Callaghan）、美國當任國防部部長錢尼（Dick Cheney）、聯邦交通部部長史基納（Samuel Skinner）、美國聯邦儲備銀行總裁葛林斯潘（Alan Greenspan）、美國大通銀行（Chase Manhattan）總裁巴邱（Willard C. Butcher）、日本新力（Sony）公司總裁盛田昭夫等。

9. 1992 年 1 月率團至美國華盛頓參加全美祈禱早餐會，並在美國國會山莊發表演講，推介臺灣民主轉型成功的故事，數十位美國參、眾議員在座。

10. 1992 年 10 月 IDU 在西班牙舉辦的年會，代表國民黨正式簽署成為 IDU 會員，並發表〈臺灣寧靜革命〉（Quiet Revolution）英文演說。

11. 2005 年 10 月，臺灣唯一獲邀參加英國柴契爾夫人 80 大壽生日宴，晉見英女王、並與前任首相梅傑（John Major）等及當任首相布萊爾（Tony Blair）見面。

12. 2016 年及 2017 年，代表蔡英文總統擔任領袖代表，出席第 24 及第 25 屆 APEC 領袖會議，並與各國領袖進行會見及個別談話。

13. 在擔任公職期間，結識世界各國元首級政治領袖（包括總統、國王、女王、總理、國務卿）、重要政要超過 100 位，其中有日本歷任首相 13 位，美國歷任總統 7 位及多位美國國務卿，均有深入交談的情誼。而在擔任 APEC 領袖會議代表時，也與美、中、日、俄、韓、紐、澳、星、墨、菲、印尼、馬來西亞、越南等 20

個經濟體領袖，以及主辦國特邀貴賓包括哥倫比亞總統桑托斯、緬甸國務資政翁山蘇姬、柬埔寨總理洪森、寮國國家主席本揚·沃拉吉等國政治領袖交換意見。

國安及改革經驗

1. 在經國先生執政後期，奉派定期參與情治首長會談，奠定與黨外人士溝通的基礎。

2. 陪同經國先生聽取美方 CIA 副局長每年一次來臺對中共軍事情報及戰略武器發展做簡報並擔任傳譯，美方並以衛星照相成果，提供我方臺海當面東南五省之兵力部署、及三大艦隊在北海、東海、南海之活動。

3. 陪同參與經國先生向美方表示臺灣核子研究純作和平用途的交涉及會談。

4. 襄助經國先生與美方磋商國軍軍備與軍購談話，並二次代表蔣經國與李登輝總統赴美爭取高性能戰機軍購案，成功與老布希總統、副總統奎爾交涉，獲得美方軍售 F-16 戰機給臺灣。

5. 扮演黨際間溝通協調角色：蔣、李執政期間，多次與民進黨及黨外人士協調溝通，化解多次可能的衝突：如 1986 年 9 月 28 日民進黨在圓山飯店組黨、協調取消 1987 年陳水扁發動 4 月 19 日包圍總統府行動。

6. 1990 年 3 月 19 日半夜，宋楚瑜親自到民進黨主席黃信介家

中，與黃信介及民進黨秘書長張俊宏共同協商，宋代表李總統承諾召開國是會議，分階段推動臺灣民主轉型，化解朝野對立，促成野百合學運 6 天和平落幕。

7. 作為國民黨秘書長宋楚瑜責無旁貸的全力襄助李登輝總統，推動臺灣民主政治重要改革。首先積極籌辦國是會議，凝聚朝野共識，親身全程參與整合黨內外意見，不厭其煩，不計個人毀譽，推動寧靜革命、民主轉型的修憲工程，終於完成國會改革，終結萬年國會及實現總統直選。

8. 推動《刑法》100 條的修正，使政治犯在臺灣成為歷史名詞。

9. 省長任內亦不分黨派，特別是與民進黨籍縣市長合作無間，公平運用資源，共同為省民服務並互動良好。

10. 創設公共電視及建立 ICRT 英語電臺。

註：上述內容可詳閱《從威權邁向開放民主——臺灣民主化關鍵歷程 1988-1993》、《蔣經國祕書報告》、《如瑜得水》及《寧為劉銘傳》等書。

▲美國總統福特（Gerald Ford）親手簽名
留言給宋楚瑜。

▲布希（George H. W. Bush）總統夫婦親手
書寫卡片向宋省長致意。

▲陪同嚴前總統會見洛杉磯市長岳悌。

◀1979年9月11日，經國先生會見後來當選美
國總統的柯林頓（Bill Clinton）。

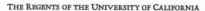

◀宋楚瑜取得加州大學柏克萊
分校國際關係碩士的畢業證
書，因當時加州發生學潮，
因此畢業證書上除代理校長
還有時任州長兼任加州大學
校董會董事長雷根（Ronald
Reagan）之簽名。

▶2008年北京奧運，
外國政要受邀與
會，時任美國總統
小布希（George W.
Bush）夫婦與宋楚
瑜夫婦在北京體育
館一同觀賞游泳競
賽。

◀2016年APEC宋楚瑜父女和
美國總統歐巴馬相談甚歡。

▲2017年APEC多國領袖靜聽宋楚瑜與美國總統川普（Donald John Trump）討論東北亞情勢。

◀▲2017年APEC，宋楚瑜向美國總統川普表達臺美之間有共同的價值和共同戰略關懷。午餐會後，川普總統特別走到宋楚瑜面前，很是讚許他的發言講話。

◀美國安格紐副總統
（Spiro Theodore
Agnew）來臺，經
國先生接見，宋楚
瑜擔任傳譯。

▶1975年美國洛克斐勒副
總統（Nelson Aldrich
Rockefeller），因蔣中
正總統辭世，來臺弔慰
經國先生。

◀1993年6月29日，省主
席在臺北圓山大飯店
接見美國前副總統奎
爾（Dan Quayle）。

◀1978年12月29日，
美國國務卿克里斯多
福（Warren Minor
Christopher）來
臺，經國先生接見，
宋楚瑜擔任傳譯。

▶1981年2月2日，美
國貝泰公司總裁舒
茲（George Pratt
Shultz）後任國務
卿。

▶1990與1991年AEI年會，連續
兩年與美國副總統迪克・錢尼
（Dick Cheney）交流會談。

◀1999年與美國國
務卿亨利・季辛
吉（Henry Alfred
Kissinger）會談後
合影。

▶2016年APEC與美國國
務卿約翰・凱瑞（John
Forbes Kerry）會晤。

◀2017年APEC與美國
國務卿提勒森（Rex
Wayne Tillerson）會
晤。

◀迎接李光耀總理。

▶2016-17年APEC宋
楚瑜和女兒宋鎮邁
兩度與李顯龍總理
暨夫人何晶女士茶
敘。

恭賀新禧 万事如意

Wishing You
A Happy and Prosperous New Year

李顯龍

Prime Minister and Mrs Lee Hsien Loong
李显龙总理暨夫人 鞠躬

Singapore

◀2020年春節收
到李顯龍總理以
中英文親簽的新
春賀卡。

◀1977年7月28日，經國先生會見
馬來西亞國父東姑‧阿布都拉曼
（Tunku Abdul Rahman），他
是馬國第一任首相。

▶1982年9月16日，韓國
總理金相浹頒授宋楚瑜
（時任新聞局長）光化
大綬勳章。

▶2017年在APEC
與韓國總統文在
寅。

◀菲律賓總統柯拉蓉
（Corazon Aquino）。

▶2009年2月菲律賓總統羅慕斯
（Fidel Valdez Ramos）曾來
臺做親善訪問，與宋楚瑜球敘
後合影。

▲菲律賓總統艾斯特拉達（Joseph Ejercito Estrada）在宋楚瑜1999年訪菲國時，親自寫下祝福，" My advance Congratulations to the next President of Taiwan."

▲菲律賓總統艾若育（Maria Gloria Macapagal-Arroyo）。

▲2016年APEC與菲律賓總統杜特蒂（Rodrigo Duterte）會晤。

▶2017年APEC與泰國
　總理帕拉育（Paryuth
　Chan-ocha）夫婦與
　宋楚瑜父女。

◀2017年APEC印尼
　總統佐科威（Joko
　Widodo）夫婦與
　宋楚瑜父女。

▶2017年APEC與越南國
　家主席陳大光。

◀1980年3月南非總
　統維容（Marais
　Viljoen）為宋楚瑜
　授好望角十字大綬
　勳章。

▶1980年10月南非
　總統波塔（Pieter
　Willem Botha）來
　臺訪問。

◀1991年11月15日南非總統戴克拉克（Frederik Willem de Klerk）來臺訪問，與李總統及宋楚瑜在臺北淡水高爾夫球敘。

▲2017年APEC與智利總統蜜雪兒・巴舍萊（Michelle Bachelet）、紐西蘭總理傑辛達・阿爾登（Jacinda Ardern）三人開心交流會談。

▲2017年APEC秘魯總統庫辛斯基（Pedro Kuczynski）夫婦與宋楚瑜父女。

▲2017年APEC與墨西哥總統恩里克・潘尼亞・尼托（Enrique Pena Nieto）會晤。

▲2016年APEC與澳洲總理麥肯・滕博爾（Malcolm Turnbull）交流會談。

▲2017年APEC與紐西蘭總理傑辛達・阿爾登交流晤談。

◀2017年APEC與加拿大總理賈斯汀・杜魯道（Justin Pierre James Trudeau）交流晤談。

▶2016和2017年APEC與俄國總統普丁（Vladimir Putin）晤談。

◀1990和1991年6月AEI連續兩年的年會與英國首相卡拉漢（James Callaghan）交流合影。

▶1996年1月16日
英國首相柴契爾
夫人（Margaret
Thatcher），來
臺訪問，在宋省
長辦公室合影。

◀1990年AEI年會與法
國總統季斯卡（Valéry
Giscard d'Estaing）交
流合影。

▶1990和1991年連續
兩年AEI年會與德國
總理施密特（Helmut
Schmidt）交流會
談。

◀美國喬治城大學博士照。

▶1995年5月13日,宋省
長榮獲美國天主教大學
榮譽博士,由該校校長
在畢業典禮親頒。

◀1995年宋省長榮獲澳洲國立
南澳大學榮譽博士。

◀2000年榮獲美國馬里蘭大學榮譽博士。

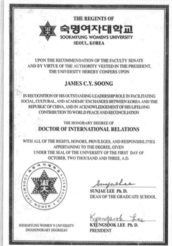

◀2003年韓國淑明大學榮譽博士證書。

▲加州大學柏克萊分校東亞區十大傑出校友證書，由校長卡洛‧克里斯特（Carol T. Christ）親自來臺（2019年11月21日）頒贈。

臺灣之光——加州大學柏克萊分校頒發「十大東亞傑出校友」榮譽狀

　　宋楚瑜獲頒加州大學柏克萊分校「十大東亞傑出校友」，在 2019 年 11 月 21 日由校長卡洛‧克里斯特（Carol T. Christ）親自來臺頒發給他。這榮譽狀的原文是這樣寫的：

The Chancellor of the University of California, Berkeley honors James Soong 宋楚瑜 M.A. "67

With graceful appreciation and admiration for his enduring commitment to UC Berkeley as a distinguished alumnus.

The university celebrates James's dedication to sustaining its lasting excellence, as well as his tireless work as a dynamic promoter of democratization in Taiwan and a forceful advocate for peace on both side of the Taiwan Strait.

Respected locally and internationally as the first democratically elected governor of Taiwan, and for his dedication to improving the greater good, encouraging the aspirations of the university, and advocating global understanding, James exemplifies the distinction for which Berkeley is world-renowned.

November 2019
Carol T. Christ
Chancellor
University of California Berkeley

以下是中文翻譯：

加州大學柏克萊分校校長頒贈宋楚瑜先生榮譽狀

　　對於宋先生身為加州大學柏克萊分校校友，長期支持母校，本人謹代表學校，表達感謝及欽佩之意。

　　本大學表揚宋先生長期致力於追求卓越，以及他在積極促進臺灣民主化和大力倡議臺海兩岸和平等方面，所做出的不懈努力和奉獻！

　　宋先生身為臺灣第一位民選省長，在臺灣及國際上均受敬重。兼以他致力於協助本大學追求良善、鼓勵大學昇華和促進國際間相互了解的傑出表現，充分體現了柏克萊聞名於世的卓越本質。

　　　　　　加州大學柏克萊分校校長卡洛·克里斯特　署名

　　在宋楚瑜獲頒加州大學柏克萊分校「十大東亞傑出校友」的同時；宋楚瑜則捐贈數萬筆臺灣從威權轉型到民主時期的個人檔案資料，提供永久保存典藏於母校東亞圖書館，以供學術研究，讓全世界都能了解到臺灣為何能用不流血的方式，完成「寧靜革命」。

　　其實宋楚瑜在1994年參選臺灣省長，依法獲得政府給與選舉補助款，宋楚瑜夫婦慨然全部捐出作為臺灣清寒子弟及專業人才培

訓獎學金。其中捐贈105萬美元在美國加州大學柏克萊分校設立「宋楚瑜陳萬水獎學金基金」，用孳息頒發獎學金並指定對象一定要給臺灣來的留學生；獎學金從 1998 年頒發至今，每年至少 3、4 人得獎，每人每年獲 3 至 5 萬元美金的獎助，共有 67 位清寒且優秀的學生得獎，其中有 50 位已獲得該校博士學位。除此也捐贈 100 萬美元在荷蘭頗富盛名的國際水利環境工程學院（UNESCO-IHE）設立了「宋楚瑜博士臺灣——IHE 科技合作基金會獎學金」獎助優秀臺灣水利專家學者進修申請；他也在臺灣以父親名義設立「宋映潭文教基金會」，每年獎助臺灣大專學生數十位（每位 3 萬元）清寒優秀子弟至今，嘉惠學子，盡其所能，為臺灣培育人才。

國家圖書館出版品預行編目資料

天道酬勤：2020宋楚瑜參選紀實 / 宋楚瑜作. -- 初
版. -- 臺北市：商周, 城邦文化出版：家庭傳媒城邦
分公司發行, 2020.04
　　面；　　公分

ISBN　978-986-477-827-0（平裝）

1.元首　2.選舉　3.臺灣政治

573.5521　　　　　　　　　　　　　　　　109004670

天道酬勤：2020宋楚瑜參選紀實

作　　　　者／宋楚瑜
責 任 編 輯／程鳳儀
版　　　　權／黃淑敏、翁靜如
行 銷 業 務／林秀津、王瑜

總　編　輯／程鳳儀
總　經　理／彭之琬
事業群總經理／黃淑貞
發　行　人／何飛鵬
法 律 顧 問／元禾法律事務所　王子文律師
出　　　版／商周出版
　　　　　　城邦文化事業股份有限公司
　　　　　　臺北市中山區民生東路二段141號9樓
　　　　　　電話：(02) 2500-7008　傳真：(02) 2500-7759
　　　　　　E-mail：bwp.service@cite.com.tw
發　　　行／英屬蓋曼群島商家庭傳媒股份有限公司城邦分公司
　　　　　　臺北市中山區民生東路二段141號2樓
　　　　　　書虫客服專線：(02)2500-7718；(02)2500-7719
　　　　　　24小時傳真專線：(02)2500-1990；(02)2500-1991
　　　　　　服務時間：週一至週五上午09:30-12:00；下午13:30-17:00
　　　　　　郵撥帳號：19863813　戶名：書虫股份有限公司
　　　　　　讀者服務信箱E-mail：service@readingclub.com.tw
　　　　　　城邦讀書花園www.cite.com.tw
香港發行所／城邦（香港）出版集團有限公司
　　　　　　香港灣仔駱克道193號東超商業中心1樓
　　　　　　電話：(852) 25086231　傳真：(852) 25789337
　　　　　　E-mail：hkcite@biznetvigator.com
馬新發行所／城邦（馬新）出版集團【Cite (M) Sdn. Bhd】
　　　　　　41, Jalan Radin Anum, Bandar Baru Sri Petaling,
　　　　　　57000 Kuala Lumpur, Malaysia.
　　　　　　電話：(603) 90578822　傳真：(603) 90576622
　　　　　　E-mail：cite@cite.com.my

封 面 設 計／宋鎮邁 Manolo F. Ufer
電 腦 排 版／唯翔工作室
印　　　刷／韋懋實業有限公司
總　經　銷／聯合發行股份有限公司　電話：(02)2917-8022　傳真：(02)2911-0053
　　　　　　地址：新北市新店區寶橋路235巷6弄6號2樓

■2020年4月16日初版　　　　　　　　　　　　Printed in Taiwan

定價／380元

城邦讀書花園
www.cite.com.tw

版權所有‧翻印必究
ISBN　978-986-477-827-0